自分づくりの
心理学

『心の授業』ガイドブック

三森　創　著

北大路書房

マンガ『心の授業』は、
心を学ぶテキストです。
学校にいるとき、
社会に出たとき、
そして親になったとき、
3年に1度
読んでみてください。
ファースト
セカンド
サード
ガイドブック

◉もくじ

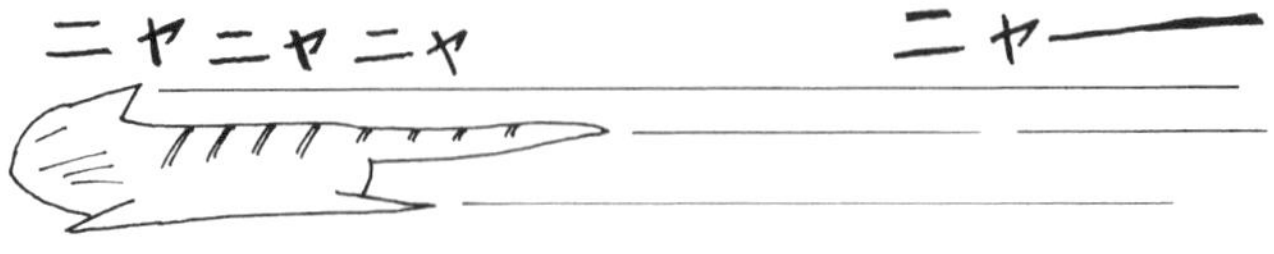

3章 本当の気持ち、本当の自分

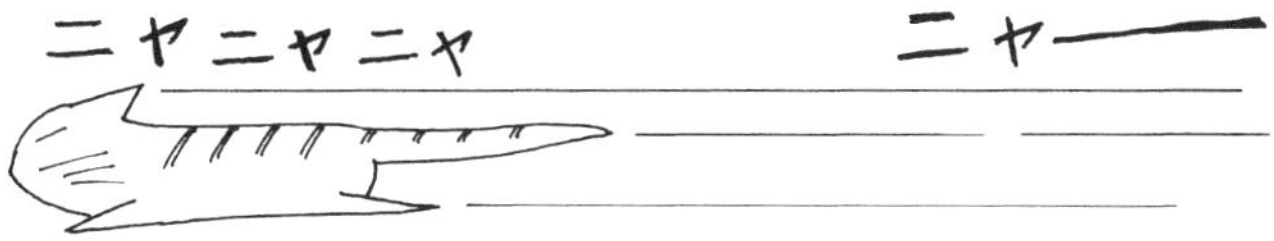
ニヤニヤニヤ
ニャー

ニャニャニャ
ニャー

『心の授業』シリーズ主要キャラクター

リロロン　大学教授ならぬ大学“恐竜”。大学で心理学を研究しながら、子どもたちに「心の出前授業」を届けている。

みもり　リロロンの弟子。二浪して大学に入った苦労人。おっちょこちょいなところもあるけど、やるときはやる。

ホコ　ヒマラヤ出身の小学生。アーモンドチョコが大好き。『心の授業』で、心を守る技を次々と身につけていく。

ヨシロー　やんちゃでお調子者のツッパリ中学生。大人でも子どもでもない思春期の「自分」にちょっと悩んでいる。

アリサ　高校生。何より友だちを大切にするやさしい性格。でも、けっこうおてんばな面もある。

ユッキー　アリサの同級生。将来の夢は、学生たちがおしゃべりに集まるおしるこ屋さんを開くこと。

トモコ　アリサの同級生。一見クールな感じだけど、おばあちゃんのために介護ロボットを作りたいと工学部進学をめざす。

ペルソーニャ　15歳で大学教授になった天才少女。「自分さがし」の旅の途中でリロロンと出会い、「ホントの自分」を知る。

文字顔ガールズ　ペルソーニャのゼミの学生で、ペアでお供をしている。文字顔なので、どっちがどっちなのか、よくわからない。

ノーメン・ボスツーラ　心の征服をたくらむ秘密結社「ノーメン軍団」の総統。天むすが大好物で、口ぐせは「はらへったー！」。

ノーメン・チーフ　ノーメン軍団のナンバー2。心を本当によく勉強している。とても紳士的に見えるけど、実はすぐキレる。

※本文中のマンガは、『心の授業』シリーズの一場面です。『心の授業』シリーズの各書名は、本文中に次のように略記します。

『マンガ・心の授業ファースト―自分ってなんだろう―』　→『ファースト』
『マンガ・心の授業セカンド―ホントの自分をとりもどせ―』　→『セカンド』
『マンガ・心の授業サード―自分づくりをはじめよう―』　→『サード』

1章　心のはたらき、自分のはたらき

（1）心のはたらき――心はいろいろなことができるんだ

心には、いろいろなはたらきがある。

・考える…知性
・感じる…感性
・何かをしたいと思う…動機

◉『ファースト』13ページ

心のはたらきは、バラバラではない。

たとえば、地震で家が揺れると、知性が「危険だ」と考え、感性が「こわい」と感じ、動機が「逃げたい」と思う。知性、感性、動機は同時にはたらく。

でも、「危険だ」と考えると「大丈夫かな」と考えてみたり、「こわい」と感じると「平気、平

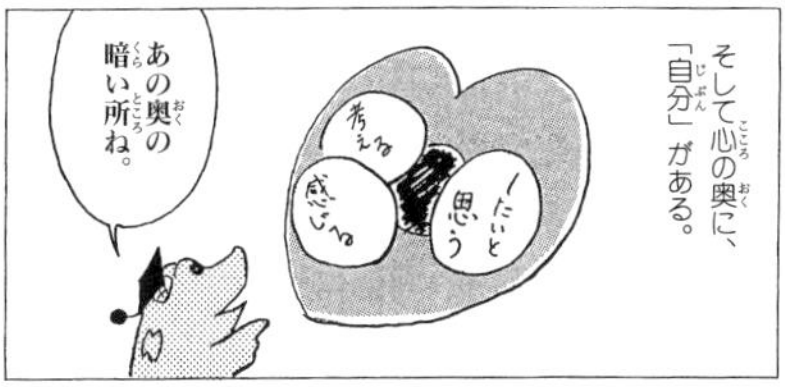

気」と感じてみたり、「逃げたい」と思うと「逃げなくてもいいかも」と思ってみたりする。

このように心がはたらくと、**気持ちのぶつかり合い**が起こる。気持ちがぶつかったままでは人間は行動できない。行動ができないと、ひじょうに苦しい。

行動ができないと、そのうち心がこわれてしまうよ。ウウーッと頭をかきむしり、その場にころがって、のたうちまわるかもしれない。それよりも、「こわいーっ！」と決めてキャーッとテーブルの下に逃げ込むほうが、心がこわれなくてすむのだ。

気持ちのぶつかり合いをなくし、行動を決定することが、心を守ることになる。心を守るためにはたらくのが、**自分**なんだ。

◉『ファースト』14ページ

（2）自分のはたらき——心の奥に「自分」がある

自分は、知性・感性・動機よりも奥にある。心の中心にある。

自分は、知性・感性・動機をコントロールする**心の中央制御室**なのだ。

たとえば、火砕流《かさいりゅう》に追いかけられたとき、知性が「とても人間の足で逃げ切れるものではない」と考える。これは正しい。その通

か、火砕流《かさいりゅう》…
ズドドドドド
なんや知《し》らんがついとらんのお
火砕流《かさいりゅう》とは、火山《かざん》の噴火《ふんか》で灼熱《しゃくねつ》の噴煙《ふんえん》や土石《どせき》が山《やま》をかけ下《くだ》る現象《げんしょう》だ。その速《はや》さは時速《じそく》百《ひゃっ》キロを超《こ》えることもある。数百度《すうひゃくど》の熱《ねつ》で木々《きぎ》と地面《じめん》を焼《や》き尽《つ》くす。巻《ま》き込《こ》まれたら、助《たす》からない…。
アヂ
と、とても…人間《にんげん》の足《あし》で逃《に》げきれるものではない
エーン
おめえ！希望《きぼう》なくすようなこと言《い》うんじゃねえ!!
そーよ
◉『サード』10ページ

りだ。

　だけど、心の奥から自分が猛烈《もうれつ》に反発する。「おめえ、希望なくすようなことを言うんじゃねえ！」と。そして、正しい判断で正しい結論であっても、自分は絶望することを拒否するのだ。

　だから、自分のはたらきは、知性よりも上なのだ。知性の判断にブレーキをかけ、感性と動機に「希望をなくすな！　あきらめるな！」と指令する。

　もし自分がはたらかないと、心はすぐに絶望してしまうだろう。そして、知性・感性・動機はそれぞれ取り乱し、勝手に暴走してしまうだろう。

（3）自分と性格――はたらきの違いが性格になる

　自分のはたらき方が、自分の性格になる。

　だから、自分がはたらかなければ、性格はできない。自分のはた

はたらきがちがうから、ちがう性格《せいかく》になるんだ。
プルルン
自分
ドリュドリュ
自分
ポンポンポン
自分

◉『ファースト』20ページ

らき方がまだハッキリしていないと、やはり性格もハッキリしない。そういうときは、性格検査でも「測定不能」と出る。

「自分はどんな性格だろう?」と問う前に、「自分はハッキリした性格をもっているだろうか」と考えてみるといいよ。自分のはたらきが強いか弱いかをチェックするきっかけになる。

自分のはたらき方が強く、ハッキリしてくると、だんだんと性格もハッキリしてくる。人によって自分のはたらき方が違う。自分のはたらき方の特徴が、その人の性格や個性になるんだ。

だから、性格は、自分のはたらきの結果なんだ。

自分《じぶん》のはたらきが、たいせつなんだ。
性格
自分
性格《せいかく》だけ知《し》っても、自分《じぶん》を知《し》ったことにならないんだ。
フッ
自分
性格《せいかく》だけ知《し》っても正確《せいかく》じゃない!
ホウ
フーン
ウキ
なんちゃって

◉『ファースト』23ページ

「ボクは外向的だ」とか「わたしは内向的だ」とか性格がわかっても、なぜボクは外向的なのか、なぜわたしは内向的なのかはわからないだろう。その性格をつくり出している自分のはたらきがあるんだ。それを知らなければ、本当に自分を知ったことにならないんだ。

自分はどんなはたらきをするの

かを知ること。それが本当に自分を知ることだ。

(4) 自分の3つのはたらき——前に出るなー!

自分のはたらきは3つある。

誰もがそうだ。みんなの自分は、この3つのはたらきをする。人によって、そのはたらきの方法と強さが違う。

さあ、自分の3つのはたらきを、ひとつずつ順番に学んでいこう。

途中で質問が出てきたら、Q&Aで答えることにするね。

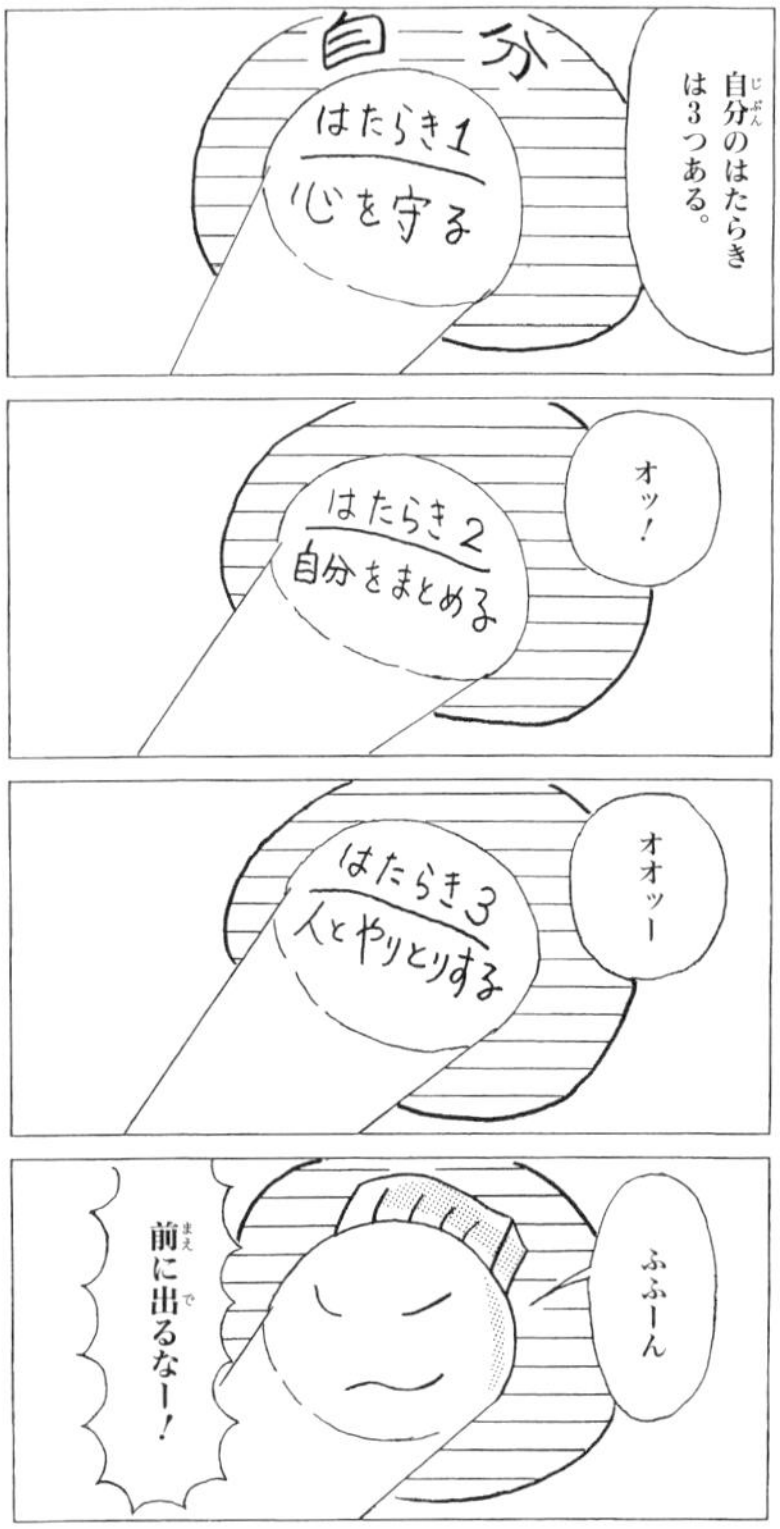

◉『ファースト』25ページ

Q&A 性格を知ることは意味がない？

Q 性格を知ることは、自分を知ることではないのですか？ 性格を知ることにも意味があると思いますが……。

A 性格を知ることは、自分を学ぶ入り口になるかもしれません。

しかし、50問以下の性格検査は、ほとんど信用できません。信用できない性格を知っても、かえってそれは自分を知るには良くないかもしれませんね。

心理学の専門的な性格検査も、大半は信用できません。みなさんがテレビや雑誌で目にする性格検査はすべて「お遊び」と考えたほうがいいでしょう。

Q&A 「自分」って専門用語？

Q 心の奥に「自分」があるということですが、「自分」って、あまり心理学用語に聞こえないのですが……。

A 「自分」は日常用語です。心理学の専門用語ではありません。

『心の授業』は、徹底して日常用語で行うことを決意しています。心理学用語を覚えることが目的ではなく、心を理解することが目的だからです。

心理学用語では、「自分」は**自我**（エゴ）と言います。しかし、「自分」でもそんなに困ることはないようです。

なお、「性格」は心理学用語にもあります。性格、個性、気質、パーソナリティなどを総称して自己（セルフ）と言います。**セルフ**の代表として「性格」を選びました。性格、個性、気質、パーソナリティは少しずつ意味が違います。興味のある人は、心理学事典で調べてみてください。

2章　自分のはたらき 1
── 心を守る

（1）えらいぞ、ホコちゃん！

自分のはたらき1は、**心を守る**だ。

心を守るはたらきは、小学生のころに活発だ。だから、小学生のホコちゃんにがんばってもらおう。

『ファースト』で、ホコちゃんは、「勉強しなくちゃ」対「遊びたい」という気持ちのぶつかり合いに悩まされる。でも、自分がはたらくから、だいじょうぶだ。

『セカンド』では、地震が起こり、ホコちゃんは大きなショックを受ける。一時的に自分のはたらきも止まってしまう。負けるな、ホコちゃん！　自分を取り戻すのだ！

『サード』では、ホコちゃんは、なんと1人でノーメン軍団に立ち向かい、リロロン先生を守ろうとするんだ。そして、心を守るはたらきが習慣になること、悪い習慣ができることもあることを、ノーメン軍団に教えるのだ。

振り返ってみると、ホコちゃんはつらく、苦しく、涙の出るシーンばかりだった。だけど、よく乗り切ったね！　えらいぞ、よくがんばったね！

どかないキ！おじさんたちは大人《おとな》のはずだッキ！
どうして助《たす》ける気持《きも》ちにならないッキ？

◉『サード』25ページ

◉『ファースト』30ページ

(2) 気持ちのぶつかり合い――心がこわれそう……

心の中で、**気持ちのぶつかり合い**は、いつも起こる。「勉強しなくちゃ」対「遊びたい」という気持ちのぶつかり合いを考えてみよう。どちらも自然な気持ちだ。どっちが正しい、どっちがまちがっているということはない。このまま気持ちのぶつかり合いが続くと、ギリギリとした痛みになる。そこで、心がキズつき、こわれないように、自分がはたらき出すのだ。

(3) 心を守る技「がまん」――待て、待てぇ！

自分が、2つの気持ちの間に「待て、待てぇ！」と割って入る。そして、心がこわれないように守る。

いちばん簡単な心を守る技は、**がまん**だ。どちらか一方の気持ちを抑《おさ》えてしまう。

がまんが完璧《かんぺき》なら、勉強しているときは、遊びたい気持ちを忘れている。勉強が終わると、遊びたい気持ちが戻ってくるけれど、そのときはもう「勉強しなくちゃ」はなくなっているから、スッキリ

◉『ファースト』31ページ

遊べるはずだ。

だけど、ぶつかる気持ちもなくなったけど、勉強が長引いて遊べる時間もなくなったら、不満が残るだろうね。1時間は遊びたかったのに、30分しか遊べなかったら、遊びたい気持ちが残ってしまう。

今度、「勉強しなくちゃ」対「遊びたい」がぶつかったときは、きっと、遊びたい気持ちは前よりも、ずっと強くなって現れてくるだろう。

（4）とことんがまん——岩石に変身！

遊びたい気持ちが強くなったら、「がまん」を**とことんがまん**というもっと強力な技に変えよう。

たとえば、「勉強しなくちゃ」を「勉強が好き」に変えると強くなる。好きでなくても、好きなフリをするんだ。「勉強のほうが遊びより好き」となるから、遊びたい気持ちが自然におさまる。

◉『ファースト』34ページ

「とことんがまん」は、あとでやっぱり勉強を好きになれないと、どこかにムリが出てきて、遊びたい気持ちが爆発するかもしれない。

　でも、勉強が好きなフリをしているうちに、本当におもしろくなり好きになることもある。そうなると、もう好きなフリではなく本心だから、「とことんがまん」は、単純だけどすばらしい技に高まる。

◉『サード』98ページ

「遊びたい」を、「勉強したい」という気持ちに変えてしまうんだ。なぜなら、遊びは何かおもしろいことをすることだから、勉強がおもしろければ、勉強することが遊びになるね。勉強と遊びの気持ちを両方いっしょに満足させるのだから、理想的だ。

「とことんがまん」は、うまくいくと、このように気持ちのぶつかり合いを、きれいになくしてしまう。

　大人の社会でも、「立場が人をつくる」という言葉がある。会社の重役になって「自分に務まるかなぁ」「自由な時間がなくなるなぁ」と思っても、そんな不安や遊び心をとことんがまんして重役らしいフリを続けていると、「これは自分にしか務まらないな」「重役の仕事もおもしろいな、やめられないや」と、フリが真（マコト）になってしまうのだ。

だけど、「とことんがまん」は、うまくいかないと、遊びたい気持ちを抑えつけてばかりいるからどんどん不満がふくらんでくる。勉強が好きなフリをしているだけだから、「本当に勉強が好きなの？」と聞かれると困る。「ウン、好きだよ」と意地を張っても、いつかボロが出るだろう。

「本当に好きなの？」としつこく聞くと、ついに……「うるさーい！　よおーしっ、本当のことを言ってやるー！」と叫んでしまうかもしれない。今まで「とことんがまん」してきた不満を、全部は・・・き出すこともある。すごいことになりそうだ。

でも、「本当のことを言ってやるー！」と叫んでおいて、「勉強が好きなんてのはウソだったんだぁ！」と言うのは心理学的には本当のことではない。「とことんがまんの技はムリだったんだぁ！」が本当のことだ。

ムリがあると感じたら別の技を使ってみよう。自分は、もっといろいろな技を使えるのだから。

（5）理由をつける——勉強すませたほうが思いきり遊べるんだよ

気持ちのぶつかり合いをおさめる技で、わりと効果があり、大人もよく使う技が**理由をつける**だ。

たとえば、「勉強をすませたほうが思いきり遊べるんだよ」と理由をつける。これで、遊びたい気持ちを抑えるんだ。

でも、本当にそうなのかはわからないよね。勉強をすませなくても思いっきり楽しく遊べるよ、と言えば言えるし……。

だけど、ここではそれが正しいかどうかは、どうでもいいんだ。気持ちのぶつかり合いをなくすことが重要なんだ。

「そうか、勉強をすませたほうがよさそうだな」と思えたら大成功。遊びたい気持ちを抑えて、「じゃあ勉強するか」と行動を決定することができるから。行動できることが何よりも重要なんだ。

◉『ファースト』32ページ

理由をつける技には、**甘いレモン型**の理由づけと、**すっぱいブドウ型**の理由づけがある。

「甘いレモン型」は、すっぱいレモンを「いや甘いよ、けっこう甘いじゃないか」と理由をつける。そして、むしゃむしゃ食べてしまう。つまり、食べたくないものを食べたいと思えるような理由をつけるんだ。

同じように、勉強したくないときに、「いや、勉強したほうがけっこう遊びも思いっきり楽しめるし」と理由をつけ、勉強する。

世の中で、うまくいっているカップルや仲の良い夫婦は、この「甘いレモン型」の理由づけをよく使っていると言われる。相手を本当に好きになることではなく、相手を嫌いな気持ちをどのように抑えるか、それが愛なんだ。男女の愛情だけではなく、親子の愛情も同じだ。困った親（子）だけど憎めないんだよね、ってね。

相手の価値を高めるような理由をたくさん見つけること、それが愛情の深さだ。だから、愛がこわれると、自分と相手は元に戻るのではなく、赤の他人よりも、もっと遠い存在になってしまう。今まで抑えてきた嫌いな気持ちが出てくるからだ（あまり考え込まないようにしましょう）。

これと反対に、「すっぱいブドウ型」の理由づけは、真っ赤に熟《う》れて甘くておいしそうなブドウを、「いや、あんなにうまそうに見えるけど、とんでもなくすっぱいのさ、食べられたもんじゃないよ」と理由をつける。食べたらひどい目にあうと思う。これで、食べられなくても平気でいられる。つまり、欲しいものが手に入らなくても、心を穏やかにしていられるための理由づけだ。

遊びたいと思っても、「いや、遊びなんて時間のムダよ。漢字のひとつも覚えたほうが得よ」と理由をつける。これで遊びたい気持ちを抑えてしまうのだ。

「すっぱいブドウ型」は、もともとはイソップ物語にある『キツネとブドウ』から来ている。キツネが散歩の途中で、真っ赤に熟した甘そうなブドウを見つけたが、高い所にあり、どんなにジャンプしても届かない。あきらめるしかない。そこで、「あのブドウは本当はすっぱいのさ」と捨てゼリフを吐く。そして、何事もなかったように平常心で、またスタスタと散歩を続けるのだ。この捨てゼリフが「すっぱいブドウ型」の由来になっている。

世の中で、失恋した相手の悪口を言いたくなるときは、たいてい、すっぱいブドウ型の理由づけだ。これで、安らかな心を取り戻そうとしている。「見た目はすてきな人だったけど、本当は性格が悪くて、だらしない人だった」などと、(それが正しいかどうかはどう

◉『セカンド』24ページ

でもよくて）とにかく「別れて正解だった」という理由づけをしている。

　理由をつける技は、知性のはたらきを要求する。理由を考え出さなければならないからだ。心の奥から自分が、知性に「何か理由を考えよ」と指令する。

　だから、理由をつける技を使うには、知性がそれなりに発達している必要がある。少なくとも、論理的に考えること、理屈や筋を通すように物事を見ることが必要だ。したがって、子どもよりも大人のほうがこの技は得意で、また効果も大きい。

　自然災害でこわい目にあっても、「地震や津波は自然のできごとだもん。自然はこわいだけじゃなく、いいこともするよ」と考えれば、地震や津波も、また四季の美しさや豊かな実りも、みんな同じ自然のできごとで、「自然はわたしたちに悪意があって地震や津波を起こしているわけじゃないんだ」と納得できる。

　大人は理屈が通っていればあきらめる。だが、子どもは理屈が通っていても、あきらめない。知性がまだ十分に論理的でないからだ。親が子どもにどんなに理由を説明しても聞き分けがないのは、そのためだ。子どもはしぶしぶ「わかった……」と答えるだろうが、ぜんぜんわかっていないことが多い。

Q&A 遊びたい気持ちを勝たせるにはどうするの？

Q 「甘いレモン型」の理由づけで勉強したい気持ちになり、「すっぱいブドウ型」の理由づけで遊びたい気持ちを抑えるというのは、どちらも結局、勉強する例じゃないですか。遊びたい気持ちを勝たせるには、どんな理由をつけるんですか？

A 自分で考えてみてください。いろいろありますよ。

「勉強したい」を抑えるには、たとえば「学校の勉強なんて社会じゃ役に立たないさ」とか、「勉強なんて、大人の勝手な押しつけじゃないか」とか、そんな理由をつけるかな。これは勉強の価値を落としています。

遊びたい気持ちを勝たせるには、「楽しいほうがいいに決まっている」とか、「人生は遊ぶためにあるのさ」とか、これは遊びの価値を高めています。

基本的に、価値を落とす理由づけは「すっぱいブドウ型」、価値を高める理由づけは「甘いレモン型」です。

（６）逃げる――大人は「逃げるな」とよく言うけれど

逃げるという技は、気持ちのぶつかり合いをおさめない。そこから逃げてしまう。

「逃げるなんて無責任だ、ひきょうだ」というのは、現実世界の話だ。**心の世界**では、逃げることは、心を破壊から守る立派な技なのだ。無責任ではない、自分が責任をもってはたらいている。ひきょうではない、ちゃんと気持ちのぶつかり合いを何とかしようとして出した結論だ。

逃げる先によって、逃げる技には、いろいろな種類がある。

・空間へ逃げる…問題場面から遠い空間へ逃げる
（旅立ち、引きこもり）

・過去へ逃げる…過去の快適だった時代へ逃げる
（退行、幼児返り）

・想像へ逃げる…物語やイメージの世界へ逃げる
（空想癖、白昼夢）

・身体へ逃げる…急な頭痛や腹痛の症状へ逃げる
（病気への逃避）

これまで述べてきた「がまん」「とことんがまん」「理由をつける」は、ぶつかっている気持ちのどちらかを勝たせて、どちらかの行動を選び決定していた。

けれども、「逃げる」は行動を決定することを放棄する。そこが今までとは違う。気持ちのぶつかり合いに立ち向かうのは、かなりの労力と緊張を強いられる。心の消耗《しょうもう》（脳と身体の消耗）が激し

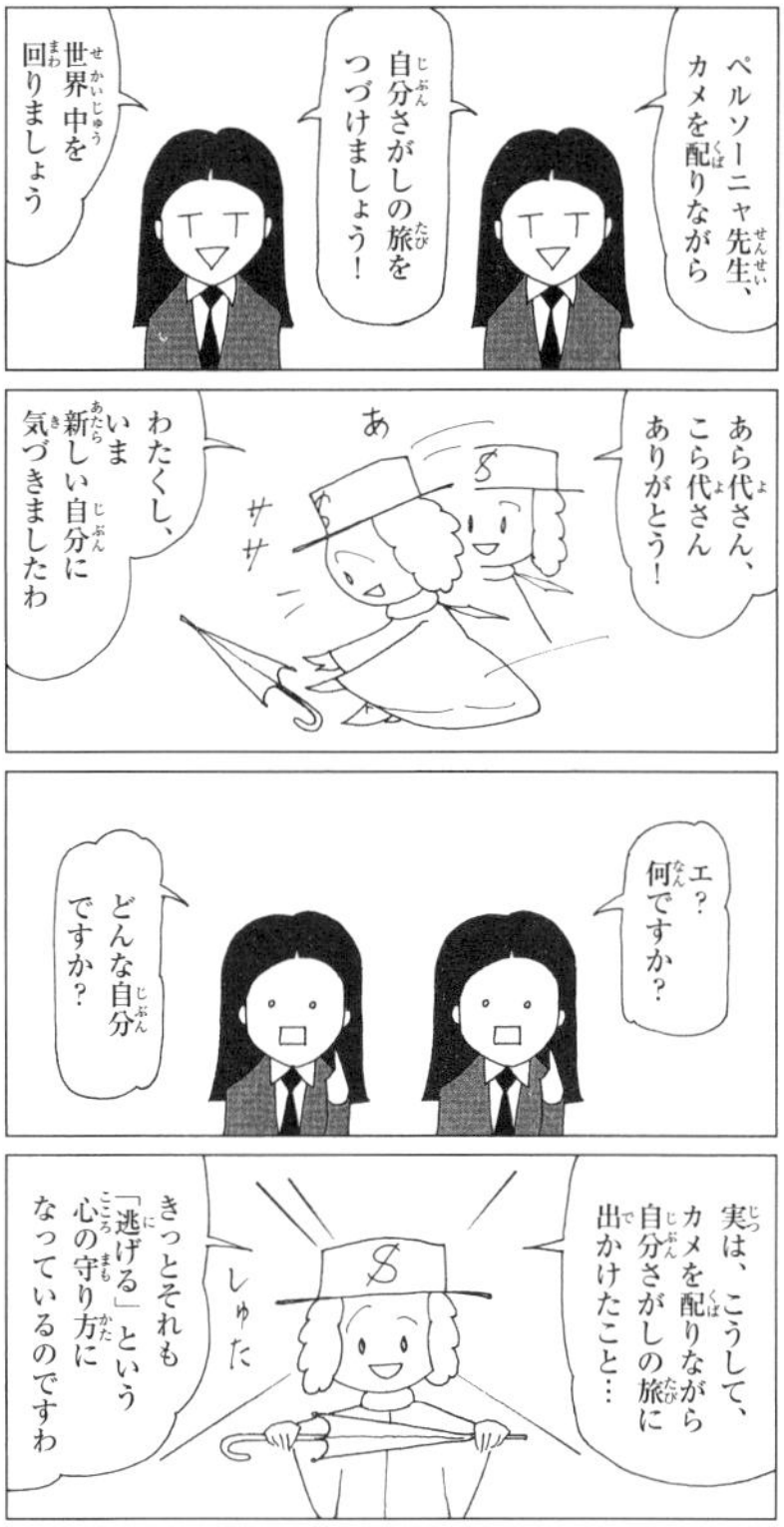

◉『サード』100ページ

◉『セカンド』34ページ

い。その消耗を防ぐためには優れた技だ。

　つまり、おかしくなったから逃げるのではない、おかしくなる前に逃げるのだ。

　とくに、地震・水害などの自然災害で、心が大きなショックを受けると、自分も弱ってしまう。自分が弱っているときに、「こわい気持ち」をまともに抑えつけようとしても、そんな強いはたらきはとてもできない。

　それでも、自分は何とかしようとする。そのために工夫された技が「逃げる」だ。現実の気持ちのぶつかり合いから（マンガのホコちゃんの例では時間的に）遠くへ逃げてしまうのだ。

　大人になると、逃げる技も、心

より直接に脳をコントロールするようになる。酒へ逃げる、ギャンブルへ逃げる、ドラッグへ逃げる、快楽やハイ（熱中・陶酔《とうすい》）へ逃げる、などなど。

　こうした逃げ方は、脳を麻痺《まひ》させ、現実の知覚を行わせないようにする（ドラッグは脳を麻痺させるだけでなく衰退させるので絶対禁止だ）。

　これらの逃げ方は、**心の外へ逃げる**というふうに呼ぶことにしよう。

　心の外へ逃げても、また心の中へ戻って来られればいいのだが、この技を使いすぎると、心の中へ戻って来られなくなる。心と自分を捨ててしまうようなことになるかもしれない。たいへん危険な技だ。心の外でなく、心の中で自分をはたらかせて「逃げる」ようにしよう。

　そのほうが、知性や感性を発達させることもできる。

　たとえば「想像へ逃げる」は、イメージの世界をつくり出す力を高めるだろう。「過去へ逃げる」は、子ども時代の夢や、子どものころの感受性をよみがえらせるだろう。小説家や芸術家、冒険家は、「想像へ逃げる」「過去へ逃げる」という心の守り方を得意にしていた（得意にしている）人たちかもしれない。逃げることも自分の個性や能力をつくるきっかけになるんだ。

（7）ほかに向ける――そうだ！　こわい海を食べようか？

ほかに向けるという技は、バリエーションが多い。単純なものから、かなり高度なものまでさまざまな技がある。

「勉強しなくちゃ」対「遊びたい」という気持ちのぶつかり合いを、ほかに向ける技でおさめてみよう。

たとえば、机の前にすわって勉強しようとしたのに、本棚から推理小説を取り出して読み出す。勉強ではないが、遊びとも言えないようなことに妙に集中してしまう。あるいは、読み飽きたマンガを（もう何遍も読んで絵もストーリーも知り尽くしているのに）また読み出す。これも、「勉強しないわけじゃないよ」ということだし、また、「遊んでいるわけじゃないよ」ということだ。

勉強と遊びのぶつかり合いをはぐらかし、ほかに向ける。試験の前の日によくやるね。でも、あまり工夫がない。効果も一時的だ。

「ほかに向ける」は高度になると、ぶつかっている気持ちを他の気持ちに置き換えてしまう。

「こわい」対「平気だ」という気持ちのぶつかり合いを、おいし

これは**『ほかに向《む》ける』**という技《わざ》だよ。
お母《かあ》さんはいろいろ知《し》っているね。
心《こころ》を守《まも》る技《わざ》は「心《こころ》の授業《じゅぎょう》（ファースト）」の38ページにまとめてあるよ。新《あたら》しい技《わざ》も付《つ》け加《くわ》えておいてね。

●『セカンド』47ページ

いものを食べたい気持ちに置き換える。こわい気持ちを「おいしいもの」（チョコレート）にして、それを食べてなくしてしまえば、平気でいられるというわけだ。こうして、ぶつかっている気持ちの意味をずらして、うまく別の気持ち（食べたい）に向けてゆく。実際にチョコレートを食べるときに、チョコレートをこわさだと思って「おまえなんか食べてやるー！」と言いながら食べると、さらに効果的だ。

でも、食べすぎはよくないよ。心がこわれなくても、おなかがこわれる。

また、気持ちのぶつかり合いを、いつも、食べたい気持ちに向けてしまうのもよくない。食べることが止まらなくなる。

ほかに向ける技も、いろいろな気持ちへ向けるように工夫することだ。いつもひとつの気持ちだけに向けていると、やがて効果がなくなる。その気持ちに置き換えていることがミエミエになり、ぶつ

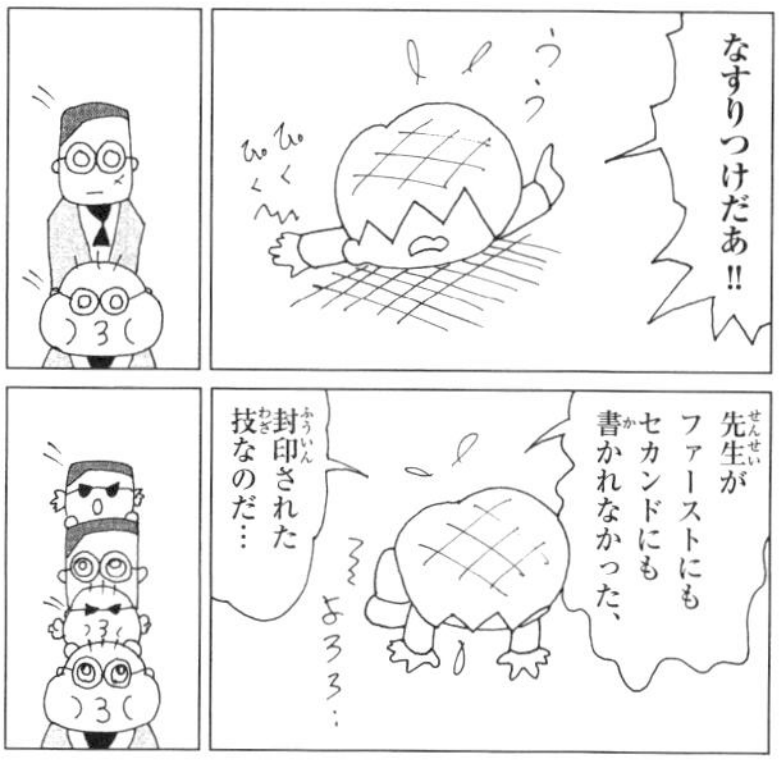

◉『サード』38ページ

かっている気持ちを忘れることができないからだ。「エエイ！ 忘れるまで食べてやるー！」となったら、これはもう「心の外へ逃げる」だ。心と自分へ戻って来られなくなったら、たいへんだ。

（8）なすりつけ——自分づくりにならない封印された技

なすりつけは、お手軽な技だ。

自分の気持ちのぶつかり合いを、相手になすりつけて、自分には「ない」ことにする。気持ちのぶつかり合いは「ない」のだから、

◉『サード』39ページ

自分は、はたらく必要がない。

「やっつけたい」対「助けなくちゃ」という気持ちがぶつかったとき、相手がこちらをやっつけようとしていると思ってしまう。「だったら、やられる前にやっつけよう」という気持ちになる。もともとは、こちらが相手をやっつけたいのだが……。

なすりつける技は、自分をはた

◉『サード』41ページ

らかせず、なるべく簡単にすませてしまう。

結局、**自分をはたらかせない習慣**になる。自分をはたらかせない習慣ができてしまうと、自分づくりにならない。そういうわけで、リロロン先生は「なすりつけ」を封印したのだ。

Q&A 「助けなくちゃ」をなすりつける?

Q 「やっつけたい」対「助けなくちゃ」で、「助けなくちゃ」のほうを相手になすりつけることはありますか?

A あります。

「立場が逆なら、あいつは助けてくれるだろうな」と思い込みます。相手が本当にそうするかどうかはわかりません。こちらの気持ちを、なすりつけているだけですので（この場合「なすりつけ」と言うよりも**思い込み**と言いましょう）。

けれども、だいたい、面倒くさいほうの気持ちをなすりつけるようです。「なすりつけ」が、そもそも面倒くさいことを嫌った技ですから。

「助けなくちゃ」という気持ちを相手になすりつけるのは、「じゃあ、こっちも助けてあげなくちゃ」となり、実際に相手を助け起こしたり、手当てをしたり、日ごろやっていないような行為をしなければならないので面倒くさいかもしれないのです。

Q&A なすりつけは使わないほうがいい？

Q なすりつけは、使わないほうがよいのですか？

A 使わないようにしても使ってしまうでしょう。

たとえば、相手がどんな気持ちをもっているかわからないときは、こちらの気持ちを相手に投げ入れてみるしかないからです。

「好き」対「嫌い」で、「好き」の気持ちを相手になすりつけ、「あいつ、オレのことを好きらしいな」と思い込んでしまうことがよくあります。実は、こちらが好きなのですが、「オレはあいつのことを本当に好きなのか嫌いなのか」という気持ちのぶつかり合いを処理するのが面倒くさいので、相手のせいにして「好き」と決めたのです。逆もよくあります。

とくに、初対面の人・見知らぬ人に対しては、なすりつけ（思い込み）を自然に使います。

◉『セカンド』141ページ

見知らぬ大人が近寄ってきたとき、子どもは「親しくしよう」対「気をつけよう」で、実は「親しくしよう」をなすりつけます。その大人は親しくしようとして近寄ってきたんだと思い込みます。そのほうが緊張しなくていいからラクなのです。

「気をつけよう」をその大人になすりつけると、大人がこちらに気をつけながら近寄ってくる感じがします。何か狙いがありそうです。大人の表情や身振りにあやしいところがないか、こちらも気をつけなければなりません（笑顔がわざとらしいとか）。緊張しますね。

しかし、見知らぬ人にはついて行かない、人を呼ぶ、パッと逃げる、などがラクにできるなら、見知らぬ大人に抵抗なく「気をつけよう」をなすりつけることができるでしょう。

このように「なすりつけ」（思い込み）は、対人場面で日常的によく使う技です。使わないと、かえって心が不自然に苦しみます。

なすりつけを使っても、それを唯一の得意技にしたり、「自分をはたらかせない習慣」にまでしなければいいのです。自分づくりは、いろいろな技をもち、それらをいろいろに組み合わせて使うことが大切です。

（9）人の役に立つ——心を守る究極の技

人の役に立つは、究極の技だ。気持ちのぶつかり合いを魔法のように消してしまう。

「こわい」対「平気だ」という気持ちのぶつかり合いを、友だちが同じ目にあったときに教えてあげることにする。つまり、友だちの役に立つ、人の役に立つ、だ。

それには、気持ちのぶつかり合いを「じーっ」と見つめ、研究しなければならない。こわいから研究になるんだし、また、平気でい

◉『セカンド』54ページ

ようとするから研究できるんだ。こうして「こわい」と「平気だ」の両方の気持ちを、研究するぞという気持ちに置き換えてしまう。

気持ちの置き換えは「ほかに向ける」技だね。そう、「人の役に立つ」は、ほかに向ける技と基本的に同じなんだ。ただ、人の役に立つことに向けるという点だけが違う。

「研究」は社会的に評価される行為だ。研究したことを「人に伝える」ことも社会的に価値がある。社会が有益・有意義と認めているそうした行為に、「こわい」対「平気だ」の気持ちを向けてゆくようにする。

たとえば、気持ちのぶつかり合いをうまくおさめられなくて苦しんできた人たち自身が、心理学者やカウンセラーになっている例が多いんだ。自分の心の悩みや苦しみを、心の研究やカウンセリングという社会的行為に向けることで自らの心を守ってきたんだろうね（私はぜんぜん違いますが）。

人の役に立つ技として、フロイトという心理学者は、もっと強烈な例をあげているよ。

「やっつけたい」対「助けなくちゃ」の気持ちのぶつかり合いを、社会的に評価される「手術」という医療行為へ置き換える。すると、気持ちのぶつかり合いがスッキリと消えるそうだ。

手術は、メスをふるって人を傷つけることだ。つまり、人をやっつけている。だけど、人を助けている。「やっつけたい」対「助けなくちゃ」を両方とも満たしているんだ。手術した患者さんからはお礼さえ言われる。

これはあくまでひとつの例だ。気持ちのぶつかり合いをおさめるためにだけ、お医者さんはすべて医者になったわけではない。

身のまわりの例としてはスポーツがある。「人を殴《なぐ》りたい」と「殴ってはダメ」の気持ちのぶつかり合いも、「ボクシング」に向けると、いっぺんに消える。人を殴っているのだが、リングの中だけであり、リングの外では「殴ってはダメ」に従っている。しかも、殴り方をほめられたり、チャンピオンになって有名になったりすることもある。社会のすべての人の役に立つわけではないが、ボクシングファンの役に立つ。また、人々に厳しい減量や練習の努力と忍耐を教える例として役に立つ。

多くのスポーツはルールのある戦いだ。それは人間の攻撃性、闘争心、破壊欲、征服欲などを社会的に評価される形にしたものだ。その昔、江戸幕府は、諸大名の戦いたい気持ちを「ほかに向ける」ため、囲碁を奨励したという。幕府の安泰に役に立つが、娯楽文化の発展という意味でも「人の役に立つ」政策だった。

自分が心を守る技の中で「人の役に立つ」は、社会が何らかの「評価される行為」を提供したり、個人が自分の気持ちをその行為に向けることを推奨したりしている。

(10) 八つ当たり——もう……外であばれてキー

心を守る最後の手段が**八つ当たり**だ。

自分がどうしても心の中をおさめられないと、気持ちのぶつかり合いがそのまま続く。すると、だんだんと興奮が増し、高圧状態になる。その苦しさ・つらさから心がめちゃくちゃになる直前に、興奮のエネルギーを心の外へ放出する。もちろん、これは緊急放出となる。

だから、手当たりしだいに暴れる八つ当たりとなる。そばにいる人に向かって飛びゲリをしたり、「バカァー！」と叫んだり、鉛筆

◉『ファースト』33ページ

をバキッと折ったりする。

　これで、いちおう心はめちゃくちゃにならずにすんでいる。技というよりは、技がないとき、または技が間に合わないときの非常手段と言うべきかもしれない。

　技が間に合わない例としては、一日がかりで文書を作り、最後に終了するときになぜか「保存しない」をクリックしてしまったときかな。「また作らなくちゃ」対「作りたくない」の激闘で、ウオオーッと雄叫《おたけ》びを上げてしまう。「覆水《ふくすい》盆に返らず」のような理由をつける技が間に合わないのだ。緊急放出で興奮がおさまれば、その技が間に合ってくる。

　八つ当たりは、一時的に心の問題を打ち消すが、気持ちのぶつかり合いがなくなったわけではない。興奮がおさまったとき、自分でもっと別の技を使えるならいいが、使える技がなければ、また同じ興奮のボルテージが上がり、苦しみを繰り返す。この場合、まわりの人たちが救援に行く必要がある。そういう意味では、八つ当たりは、まわりの人たちへのＳＯＳ信号とみるべきだろう。

Q&A　気持ちがぶつからないようにすればいいのでは？

Q　気持ちのぶつかり合いがそんなに苦しいなら、気持ちのぶつかり合いが起こらないようにすればいいんじゃないですか？

A　それはいい考えですね。

心をあまり動かさないようにすれば、気持ちのぶつかり合いもそんなに起こらないでしょう。

たとえば、赤ちゃんは心のはたらきがまだ少ないので、ふつうは機嫌よくしていて、おなかがへったり、眠くなったり、おしめがぬれたりしたとき、泣きたい気持ちになるくらいです。それで、泣きたい気持ちになったら、自然に泣き出します。

そういうふうに、赤ちゃんのようにしていられたら、気持ちのぶつかり合いはあまり起こらないかもしれません（それがいちばん幸せなんですけどね）。

けれども、そんな赤ちゃんだって、自分がはたらいているのです。泣きたい気持ちになって泣き出すのは、実は心の奥から自分が「泣いてＯＫ」というゴーサインを出しているからなのです。

泣いても安全だと思っていないと、赤ちゃんは泣きません。もし泣くと、恐ろしい敵が現れるなら、「泣かないで平気でいなくちゃ」という気持ちを強くするでしょう。

泣いてもだいじょうぶ、敵は現れない、誰かお世話に来てくれる、ワタシは

◉『セカンド』110ページ

守られているという安全・安心の感じから、赤ちゃんの自分は、泣きたい気持ちを実際に泣く行動に移しているのです。

赤ちゃんの気持ちのぶつかり合いは、弱く、少ないですが、やはり起こっています。そして、赤ちゃんの自分がはたらいています。

ということは、もし完全に気持ちのぶつかり合いが起こらないようにするには、赤ちゃんよりも、もっと心を動かさないように（何も考えず、何も感じず、何もしたいと思わないように）しなければならないでしょう。もちろん、そのときは自分もはたらきません。というより、自分はできなくなるでしょうね。

ところで、赤ちゃんが泣き出しても、誰もお世話に来てくれないと、どうなるでしょうか。赤ちゃんの自分は不安を感じ、泣くのをがまんするか、不安を打ち消すために、もっと強く激しく泣くでしょう。

でも、もし泣き出す前に先回りされてお世話されると、「アレ、泣かなくてもいいんだ」と思うでしょう。泣きたい気持ちになったときも「だいじょうぶ、すぐにお世話される、平気だ」という気持ちが強くなるでしょう。赤ちゃんの自分は、けっこう、クルクルとよくはたらいているのです。

Q&A　何だか、ごまかしてばかり……

Q　がまんとか、理由をつけるとか、逃げるとか、ほかに向けるとか、何だか、ごまかしてばかりですよね。「人の役に立つ」も、両方の気持ちを元のまま満たすわけではなくて、結局、妥協していますよね。もっとビシッと解決する技はないんですか？

A　ありません。

現実社会の問題は、ごまかさずにきちんと解決しないと、かえって取り返しのつかない事態になることがあります。

けれども、心の問題は、直接に立ち向かって解決しようとすると、かえって危ないのです。解決する前に心がこわれそうになるのです。

だから、自分が心を守るはたらきは、基本的に、気持ちを「だます」「ごまかす」「はぐらかす」ことです。

つまり、気持ちのぶつかり合いが「あるんだけどない」とすること。気持ちを戦わせて勝負をつけるのではなく、気持ちを戦わせないようにすること。「戦う相手はいなくなりました」と、だますことなんです。

「だます」とか「ごまかす」とか、聞いた感じはよくないですが、そうやって、気持ちのぶつかり合いをなくし、心をラクにしたほうが、かえって心の知性、感性、動機を活発にし、現実の問題に取り組む能力と勇気を増してくれるのです。

心を守る技は、気持ちのぶつかり合いが「あるんだけどない」とするマジックのようなものです。自分の発達は、そうしたマジックを自由自在に使えるマジシャンになってゆくことです。

(11) 心のキズにねばり勝つ！——ホントの自分を取り戻せ！

地震や津波などで大きなショックを受けると、心は一時的に動かなくなる。そんなときは、心よりも、まず先に脳と身体を回復させ

◉『セカンド』32ページ

ることだ。脳と身体が回復すれば、必ず、心と自分もはたらき出す。心と自分がはたらき出し、コトバを使えるようになれば、しめたものだ。

なぜなら、心と自分の最強の道具は**コトバ**だからだ。

地震で砂山がくずれて真っ暗な中に閉じ込められた、そのこわさを、「砂の中に何かいたキ」とコトバにできれば、こわい気持ちを、自分から少し離して見ることになる。これは**対象化**というコトバの力だ。

コトバが気持ちを対象化したとき、同時に、コトバは気持ちを他者に伝えている。こわい気持ちを自分と他者で共有することになるんだ（**共有化**）。

こうして対象化・共有化すると、2人の間で「その大きさは？」「何か声を出した？」など形や特徴を質問し合い、具体化してゆくことができる。相手の大きさや特徴が明らかになってくれば、「じゃあ、どうしたらいいか」を

◉『セカンド』45ページ

◉『セカンド』49ページ

考えられるようになる。

自分を取り戻すことは、コトバを取り戻すことなんだ。

だけど、大きなショックは、心にキズとして残る。小さなショックだって、小さなキズとして残る。心にキズがつくのは、ふつうのことで、いつも起こっていることなんだ。

もし心の表面を見ることができたら、きっと、きれいではない。キズだらけだ。大きなキズや小さなキズが、あちこちに数え切れないくらい、ついているだろう。それが、**心のふつうの姿**なんだ。

小さなキズは、恥ずかしいこと、くやしいこと、しくじったこと、などでつく。大きなキズは、死ぬほどこわい思いや、生きていたくないほどいやな思いをしたときにつく。

心がはたらき出すと、こうした大小のキズを刺激し、そのキズがついたときのこわさや、くやしさを思い出してしまうことがある。でも、心がはたらくときは自分もはたらくから、だいじょうぶ！

心のキズに立ち向かうには、**ねばって、ねばって、ねばり抜くこと**だ。それが誰にでも効果がある確実な方法だ。勝とうとするよりも負けないこと、短期決戦よりも持久戦、前進するよりも後退しないこと。

自分がねばり抜くためには、（心の土台である）脳と身体に「ね

◉『セカンド』52ページ

◉『セカンド』53ページ

ばり」を与えることが大切だ。上の**ねばる3カ条**がそれだ。心と自分へのアドバイスではなく、脳と身体の休養と健康についてのアドバイスになっていることに注目してほしい。

⑫ 心を守る習慣が性格になる

どんな技も最初は意識して使う。うまく使えず、苦労するものだ。でも、だんだん慣れてくると、意識しなくても、うまく、なめらかに使えるようになる。技が習慣化したんだ。心を守る技も、そのようにだんだんと**心を守る習慣**になってくる。それが性格だ。

がまんする技は、がまん強い性格をつくる。これは当然だろうね。あとの技は、どんな性格をつくるだろうか。考えてみよう。

・とことんがまん→信念が強い、集中力がある、情緒不安定、など
・理由をつける→理屈っぽい、言い訳がましい、知性的、など
・逃げる→内向的、消極的、夢見がち、など
・ほかに向ける→行動力がある、協調的、未練がましい、など
・なすりつけ→攻撃的、非協調的、不安を感じやすい、など
・人の役に立つ→情緒安定、独立的、自信過剰、など

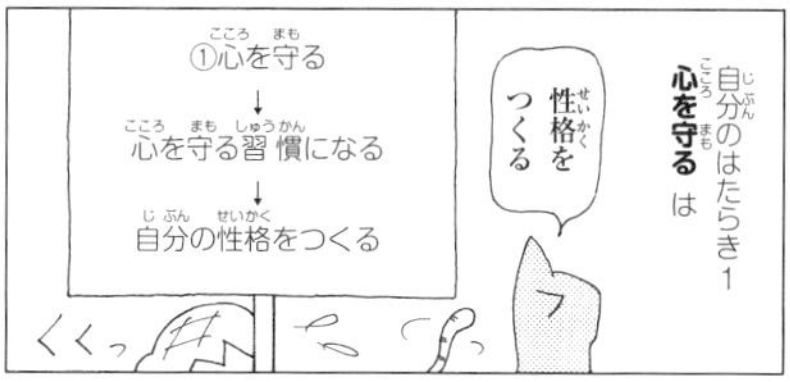

◉『サード』160ページ

もちろん、こんなに単純ではない。

実際に自分が心を守るときは、いくつかの技を組み合わせるから、いくつもの技が習慣になっているだろう。たとえば、「とことんがまん」「理由をつける」「逃げる」という3つの技が習慣になっている人は、どんな性格になるだろうか。岩のようなガチガチの信念をもった、理屈っぽい、夢物語のようなことばかり言う大科学者か、大ペテン師のような性格になるかな。

どんな自分のはたらき（エゴ）が、どんな性格（セルフ）をつくるかを明らかにするのは、**科学心理学**の仕事だ。残念ながら、あまり進んでいない。

科学とは、仮説を立ててそれを確かめることだ。仮説を立てることから科学が始まる。みなさんも、心を守るどんな習慣がどんな性格をつくるか、有力な仮説を立ててみてください。それが心を科学する第一歩です。

3章

本当の気持ち、本当の自分

本当の気持ちがあるなら、ウソの気持ちもある。どちらも心の中にあるのに、どうして「本当」とか「ウソ」とか言うんだろう。
もし本当の自分がいるなら、今の自分は、ウソの自分ということになる。これも、どうして「本当」とか「ウソ」とか言うんだろう。
そんな感じがするのは、実は、自分がはたらいている証拠なんだ。

（1）ホコちゃんの本当の気持ち――本当は、遊びたいって感じ

「勉強しなくちゃ」対「遊びたい」という気持ちのぶつかりで、遊びたい気持ちをがまんすると、「本当は遊びたいんだけどな……」と思えてくる。

逆に、「勉強しなくちゃ」を抑《おさ》えて、「いいや、遊んじゃえ」と遊んでしまうと、「勉強しなくていいかなぁ……」と、気がかりになってくる。

これは自分がはたらいて、一方の気持ちを外に向け（行動に移し

んー、
でもホコの本当《ほんとう》の気持《きも》ちは、遊《あそ》びたいって感《かん》じ。
自分
遊びたい
な、そうだろ。
そうね。むりながまんはよくないと思《おも》うな。

ホコ
「勉強《べんきょう》するのはママやパパにいわれたからだキー。」

ヨシロー
「そうそう、なんかごまかしているよな。」

●『ファースト』35ページ

た）、他方の気持ちを**内に閉じ込めた**んだけど、半分しか成功していないんだ。

つまり、内への閉じ込め方が弱い。

すると、内の気持ちが、外に出した気持ちとまたぶつかってしまう。机に向かって勉強していても、「んー、勉強したくないよぉ、本当は遊びたいよぉ」とボヤいたり半べそをかいたりする。

あるいは、誰かと遊んでいても「遊んでていいのかなぁ……」と気になり、友だちから「おまえ、本気《マジ》で遊んでないじゃん？」とか言われたりする。ここで、本当の気持ちは何なんだろうという悩みが生まれてしまう。だけど、それは**気持ちの閉じ込め方がうまくいっていない**悩みなんだ。

大人は自分のはたらきが強いから、どちらかの気持ちを内に置くことに決めると、ちゃんと見えなくなるように閉じ込める。これで外に出した気持ちとぶつかることはない。

小学生のときは、この閉じ込め方がまだ完璧《かんぺき》にいかない。内へ閉じ込めたはずの気持ちが時々「遊びたいよー」と顔を出してくる。「気合いが足らーんっ！　がんばれーっ！」と、自分をとことんはたらかせてみよう。それで完璧にいく場合があるかもね。

遊んでいるときに、勉強が気になったらどうするかって？

◉『サード』98ページ

「遊びたいときに、勉強なんかしても身につかないからさ」と適当な理由をつければ、スッキリ遊べるんじゃないかな。でも、遊び終わったら、疲れて眠くなり、今度は親とのぶつかり合いが出てきそうだね。たいへんだ。自分とよく相談してみよう。

(2) ペルソーニャさんの本当の自分
——わるいコだなぁ……と感じていましたの

ずっとイイコ、ずっとわるいコでいるのは、どちらも実はなかなかできないことなんだ。

だいたいイイコでいて、たまに10回に2回くらいわるいコが出てくる。そんなものなんだ。だけど、「ふだんイイコにしているけど、本当の自分はわるいコなんだ」と悩んでしまう。

でも、本当の自分は、**そういう心の守り方をしている**という自分なんだ。

だから正確に言うと、「本当はわたくし、10回に2回くらい、わるいコを抑えるのに失敗する自分なんです」と言うべきだ。それで、わるいコの出現回数をもう少し減らそうと悩むか、こんなもんでいいでしょうと満足するかだ。

いつも乱暴な人が、10回に1回くらい、やさしかったりする。

◉『サード』75ページ

「いつもは乱暴だけど、本当は心のやさしい人なんだ」と思ってしまう。

ちがう。「あの人は、10回に1回しか、やさしい気持ちを出せない、あとは乱暴な気持ちを勝たせる自分なんだ」と見るのが正しい。

乱暴な気持ちも、やさしい気持ちも、誰もがどちらも、もっている。どちらの気持ちをどの程度外に出し、どちらの気持ちをどの程度内に閉じ込めるか、そのはたらき方が、その人の本当の自分なのだ。

(3) ノーメン軍団の本当の自分——助けたい気持ちもあったんやで

やっつけたい相手を「やっつけたい」と思うのは、逆の「助けたい」を抑えている。

あのノーメン軍団でさえ、やっつけたい気持ちと同時に、助けたい気持ちも、もっていたのだ。でも、すぐに彼らの自分が、助けた

●『サード』25ページ

●『サード』51ページ

い気持ちを抑えてしまった。そのことに気づいているだろうか。

彼らは言うだろう。「リロロンを助けたいだって？　アハハハ、そんな気持ち、これっぽっちも、もっていないぜ。もっていたなんてのは、あれは作り話さ」ってね。

いいや、ちがう。確かに、もっていたんだ。助けたい気持ちも、ノーメン軍団の彼らはもっていたんだ。そして、その助けたい気持ちをすぐに抑えて、**もってなかったことにしてしまう習慣**も、もっていたんだ。彼らの自分は、そういう自分なんだ。

ノーメン・ボスツーラが「はらへったー、はらへったー」と叫びながら走っている横で、ノーメン・チーフは自分自身を振り返ってみた。

「やっつけたい気持ちと、助けたい気持ちがあるのか？　オレのなかに……？」

「心のなかでいつも2つの気持ちがぶつかる……」

「あとは自分のはたらきで決ま

ええ、そうですね。
でも…
いじめたい気持《きも》ちをがまんしていると…ストレスがたまり、そのうち………（フフ）
キレますわよ!!

るってわけか！」

そして、チーフは、ハッと気づくのだ。自分が、いつのまにか『心の授業』を受けていたことに。

◉『サード』65ページ

（4）がまんした気持ちのゆくえ——そのうち、キレますわよ

がまんした気持ち、抑えた気持ち、内に閉じ込めた気持ち……。

それらはどうなるんだろう。

なくなるわけではない。「あるけれど**ない**」というふうに、見えなくなっているだけだ。いつかは満たしてあげなければならない。がまんしているだけで、それを満たさないでいると、たまる一方になり、そのうちキレるだろう。

がまんをためないようにするには、がまんの量を減らすか、満たす量を増やすことだ。

がまんする量が少ない技は、「ほかに向ける」「なすりつけ」「人の役に立つ」などだ。これらは、気持ちのぶつかり合いを、ほかの行為に向けたり、他人に向けたりするので、自分の中に抑え込む量が少ない。ノーメン軍団が妙に冷静で安定しているのは、「なすり

◉『サード』177ページ

つけ」を使って、がまんの量を減らしているからかもしれない。それを指摘すると、とたんにキレるけれど……。

右にあげた以外の技、「とことんがまん」「理由をつける」「逃げる」は、がまんの量が比較的多い。これらの技は、児童期・青年期でよく使われる。子どもや若者がキレるのは、これらの技を習慣化しすぎるせいかもしれない。がまんの量を減らすには、だんだんと「ほかに向ける」などの技に変えてゆく必要がある。

一方、がまんを満たすには、がまんした気持ちを、あとで実際に行動して満たすのが、一番いい。

◉『サード』67ページ

ただし、いじめの気持ちを、あとで「カメたたき」で満たすのは、あまり効果がないようだ。

がまんを満たすために、個人と社会はいろいろな工夫をしている。

野球・サッカーなどのスポーツの観戦や応援は、がまんして、たまっていた気持ちを一挙に満たしてくれる。とくに、大喚声をあげられるホームランやゴールインなどがあるのがとてもいい。野球・サッカーで満たすには適当でない気持ちも、総動員されて一度に外へ発散させることができる。つまり、スッキリする。

カラオケも、しみじみ歌うよりも、手足を動かしたり絶叫したりできるほうが、がまんした気持ちの放出量が大きい。

どこの国だったか忘れたが（アメリカかな）、あるカクテルバー（居酒屋）に、レンガの壁にお皿を投げつけて割るというコーナーがあるそうだ。お客はお皿を買って、レンガの壁にガチャーンとぶつける。そのとき何か叫ぶ（コトバがわからなくても悪態だということはわかる）。そしてスッキリ、ニコニコ笑顔になる。けっこう流行《はや》っているということでニュースになった。これは「ほかに向ける」を、社会的に手助けしている例だ。しかし直接的だなぁ。がまんの入出力バランス（釣り合い）をとるには効率的だけどね。

Q&A　がまんした気持ちが「あるんだけどない」って？

Q　がまんした気持ちは、なくなるわけではなく、「あるんだけどない」って、どういうことですか？　意味がよくわかりません。

A　「見えない」「気がつかない」「意識できない」ということです。心理学的には、「無意識へ閉じ込める」「抑圧する」と言います。

たとえば、「遊びたい気持ち」をがまんするとき、「遊びたい」という意味を打ち消します。これで意味がなくなるので、「勉強しなくちゃ」と対立しなくなり、気持ちのぶつかり合い（葛藤《かっとう》）がなくなります。

ただし、遊びたい気持ちの「気持ち」は残ります。何か意味があったけれど、打ち消されて何の気持ちかわからなくなったという、あいまいな「気持ち」として残ります。これを**コンプレックス**といいます。がまんした気持ちはコンプレックスになるのです。

コンプレックスを「劣等感」と訳すのは誤りです。「複雑感情」「複合欲求」と訳すべきでしょう。コンプレックスの実体は、**意味を打ち消された欲求**のことです。

コンプレックスを「劣等感」と訳してもいいのは、「自分は有能だ」対「自分は劣っている」という気持ちのぶつかり合いが起こり（**有能感対劣等感**）、劣等感のほうを抑えたときです。実は、この「有能感」対「劣等感」というぶつかり合いは、学校でも家庭でも会社でも近所でも（要するに今日の日本の競争社会では）、誰にでもたいへんよく起こるものであり、この日本の社会で明るく前向きに生きてゆくには、常にわたしたちは劣等感のほうを打ち消す必要があるのです。

それで、「劣っている」という意味を打ち消し、さかんに無意識へ抑圧するコンプレックスの典型例として「劣等感」があげられ、訳語とするのは（不正確ですが）当たっていないわけではないのです。

Q&A コンプレックスはどうなるの?

Q コンプレックスは、どうなるんですか?

A ほかの気持ちに置き換えて、いつかどこかで満たしています。

コンプレックスは、**意味を打ち消された気持ち**ですから、何か意味を与えて別の気持ちにして満たせば解消します（「ほかに向ける」）。

与える「意味」が、打ち消された元の意味に近ければ近いほど、コンプレックスは跡形もなく消えてしまいます。それが一番いいのですが、たいていの場合は、代わりの意味を与えて満たしています。それができるところが、意味を打ち消した効果であり、巧みな心の仕組みといえます。

Q&A 満たされない場合はどうなるの?

Q コンプレックスが満たされなかったら、どうなるんですか?

A コンプレックスが満たされないケースは、2つあります。

ひとつは、元の意味が打ち消し切れないというケースです。たとえば、別れたくないのに別れてしまったという人への愛情です。一時的に無意識に押し込んで忘れていても、また時として意識に上ってきて切なくなります。

こういう場合は、満たそうとしても、なかなか出ていきません。意味が残っているので、別の気持ちに置き換えようとしても抵抗するのです。意識と無意識を行ったり来たりして、一生、抱えていくしかないかもしれません。「遠い昔の思い出よ」と言えるときまで。

もうひとつ、コンプレックスが満たされないケースは、満たす方法をあまりもたない場合です。あるいは、趣味や気晴らしの方法をもっていても、それがコンプレックスを満たすのにあまり効果的でない場合です。

これは前に述べた入出力のアンバランスから、たまる一方になるでしょう。

しかも、意味が打ち消されたコンプレックスは、集合しやすく、だんだんと大きな固まりになります。何だかわからない大きな気持ちに、何かのきっかけでちょっとした意味が与えられると、激しい爆発的な行動が起こります。

ちょっとしたことで「キレる」というケースを思い浮かべるとよいでしょう。あるときにがまんした「遊びたい気持ち」と、別のときにがまんした「誰かをやっつけたい気持ち」は意味が違っていますが、それぞれ意味を打ち消されていますので、放出の機会さえあれば、いっしょになって出口に殺到してくるでしょう。

逆に、歌や踊りや、お互いやまわりの決めで、安心してキレてもいいようなシーンがある娯楽や気晴らしの方法をもっている人は、コンプレックスに強いかもしれません。前の例の、カクテルバーでの大絶叫のお皿割りなども。

4章　自分のはたらき2
―― 自分をまとめる

（1）はりきっていこう、ヨシローくん！

自分のはたらき2・**自分をまとめる**は、12歳ごろから、さかんになる。そこで、中学生のヨシローくんに活躍してもらおう。

『ファースト』で、ヨシローくんは、子どもなのか大人なのか、どっちなんだと悩んでしまう。そこで、ヨシローくんの自分が「じゃ、まとめてみっか」と、新しいはたらきを始める。

『セカンド』では、ノーメン軍団が子どもたちの心を征服するという悪賢い実験を試みる。だが、ヨシローくんの自分には効かないので、ノーメン軍団もびっくり！　みもりくんとリロロン先生が駆けつける。

『サード』では、自分さがしの旅人・ペルソーニャさんが、いじめ対策に「カメたたき」を広めているところに出くわす。ヨシローくんは、そんな貧しいことをしていないで「生き方をみがけ」と、ペルソーニャさんをやり込める。

いつもカッコよく決めたがるヨシローくんだが、ペルソーニャさんがかわいそうになったのか、思わずタコヤキをあげてしまった。やさしい面もあるんだね。

◉『サード』89ページ

◉『ファースト』45ページ

(2) 青年期の成長と変化──もうガキンチョじゃねえ!

自分のはたらき2は、**自分をまとめる**だ。

それは青年期の始まりから、さかんになる。左は、人間の発達段階だ(年齢はだいたいの目安)。青年期は4番目にある。

・乳児期…0〜1歳
・幼児期…2〜6歳
・児童期…7〜12歳
・青年期…13〜20歳半ば
・壮年期…30前後〜64歳
・老年期…65歳〜

児童期までがいわゆる「子ども」、青年期からはいちおう「大人」になる。

この、子どもから大人になる時期に大きな変化が2つある。

ひとつは、身体の成長・変化だ。身体が成長し、急速に大人に近づく。それにつれてファッションも変わる。子どもっぽい服なんて、

◉『ファースト』47ページ

おかしくて、とても着ちゃいられない。

もうひとつは、まわりの見方と扱い方の変化だ。

電車やバスは大人料金を取られるし、「ヨシローも大人になったか」「大きくなったもんだ」などと言われれば、コトバ遣いまでも変わる。小学生みたいなハキハキしたしゃべり方なんて、いつまでもやっていられない。

(3) 脳の成長と心

◉『ファースト』48ページ

確かに、もう子どもではない。が、完全に大人でもない。とくに、脳がそうだ。

脳は20歳近くまで成長を続ける。10代半ばでは、体は大人でも、脳はまだ大人になっていない。子どもの脳なのだ。社会が未成年の飲酒や喫煙を禁止しているのは、これから成長する脳に悪いからだ。脳に悪いことは、心にも悪い。

心理学《しんりがく》では心《こころ》をマインドというんだ。
ゴクッ
マインドこころ
マインドは、頭《あたま》のはたらき・・・を表《あらわ》します。
心《こころ》は頭《あたま》にあるんだよ。

◉『ファースト』12ページ

なぜなら、**心は頭にある**からだ。

脳を完全に成長させることが、心と自分が十分にはたらくもとになる。

（4）自分はどうなっていくのか——なんか落ちつかねぇ

子どもから、いっぺんに大人に変われるわけではない。体が大人でも、脳が子どもだったりするように、自分も、大人の自分と子どもの自分が入り混じっている。どうなるんだろうかと不安になる。

なんか落《お》ちつかねえ。
オォーーン
自分《じぶん》が別《べつ》の自分《じぶん》になってゆくような感《かん》じがする。
いま
小学生
えんじ
チッ、むじゃきな顔《かお》してら。
また、自分《じぶん》の中《なか》に別《べつ》の自分《じぶん》がいるような感《かん》じがする。
自分
オレって、こんな顔《かお》する？

◉『ファースト』49ページ

ひとつの不安は、今までの自分が続かなくなることだ（**不連続**）。子ども時代の慣れ親しんだ自分とサヨナラする寂しさを感じるだろう。また、これから自分はどうなるんだろうかと、新しい自分に変わるこわさを感じるだろう。

もうひとつの不安は、まわりの見方から、「まだ子どもに見られる自分」と「大人に見られる自分」という、いくつもの別々の自分がいることだ（**不均一**）。まわりの大人が変われば見方も変わるし、あるときは良く見られたり、別のときは悪く見られたりする。自分が2つも3つも顔をもっているような感じになる。

（5）自分は誰なのか――じゃ、まとめてみっか

そこで、自分が新しいはたらきを始める。**自分をまとめる**だ。

自分は自分に「オレって、だれ?」「わたしって、どんな人間なの?」と問いかける。英語で言うと"Who《フー》 am《アム》 I《アイ》 ?"（自分は誰なのか）だ。

オレって、だれ?
じゃ まとめて みっか
そのとき自分《じぶん》は、自分《じぶん》をまとめるというおもしろいはたらきをするんだ。
自分
自分《じぶん》をどうまとめるのかを見《み》てみよう。

◉『ファースト』50ページ

この答えは、「オレって、暴れん坊」「オレって、なまけ者」「オレって、元気」「オレって、おくびょう」などと、たくさんあるだろう。赤ちゃんのときから小学生まで、心の中に、たくさんの**自分の感じ**がたまっているからだ。さ

らに、中学生になって、大人から見られるようになった新しい「自分の感じ」も加わってくる。
実にたいへんだ。「自分をまとめる」と簡単に言ったけれど、このはたらきは、自分の3つのはたらきの中でも、いちばん困難なものなんだ。

◉『ファースト』52ページ

（6）まとめないではいられない——かったるー（プラプラ）

自分をまとめるのは、たいへんだ。だけど、自分の不安（不連続と不均一）をこのままにしておくのも落ち着かない。まとめないではいられないのだ。実際の意識としては、「何かしないではいられない」というイライラ、ジリジリ、ザワザワした感じがするだろう。

そこで、いろいろなことを試してみる。自分は何ができるのか、どこまでできるのかを知り、“Who am I ?” の答えを出そうとする。

そのように、自分をまとめようとしているときは次のような特徴

◉『ファースト』57ページ

が見られる。「青春」とか「若さ」というコトバで語られていることだ。

・気持ちが高ぶり、がんばりすぎる
・がんばりすぎた疲労と反動で、まったくやる気を失う
・まとめやすくするため、「良い」「悪い」をハッキリつけたがる
・まとめやすくするため、スッキリと理想的にまとめようとする
・自分の情報を得るため、人前で目立つ格好や大げさなふるまいをする
・努力を認めてもらうため、人前で真剣で過激なふるまいをする
・苦労を認めてもらうため、人前ですねたり、みじめなふるまいをする

「水たまりにバシャー」

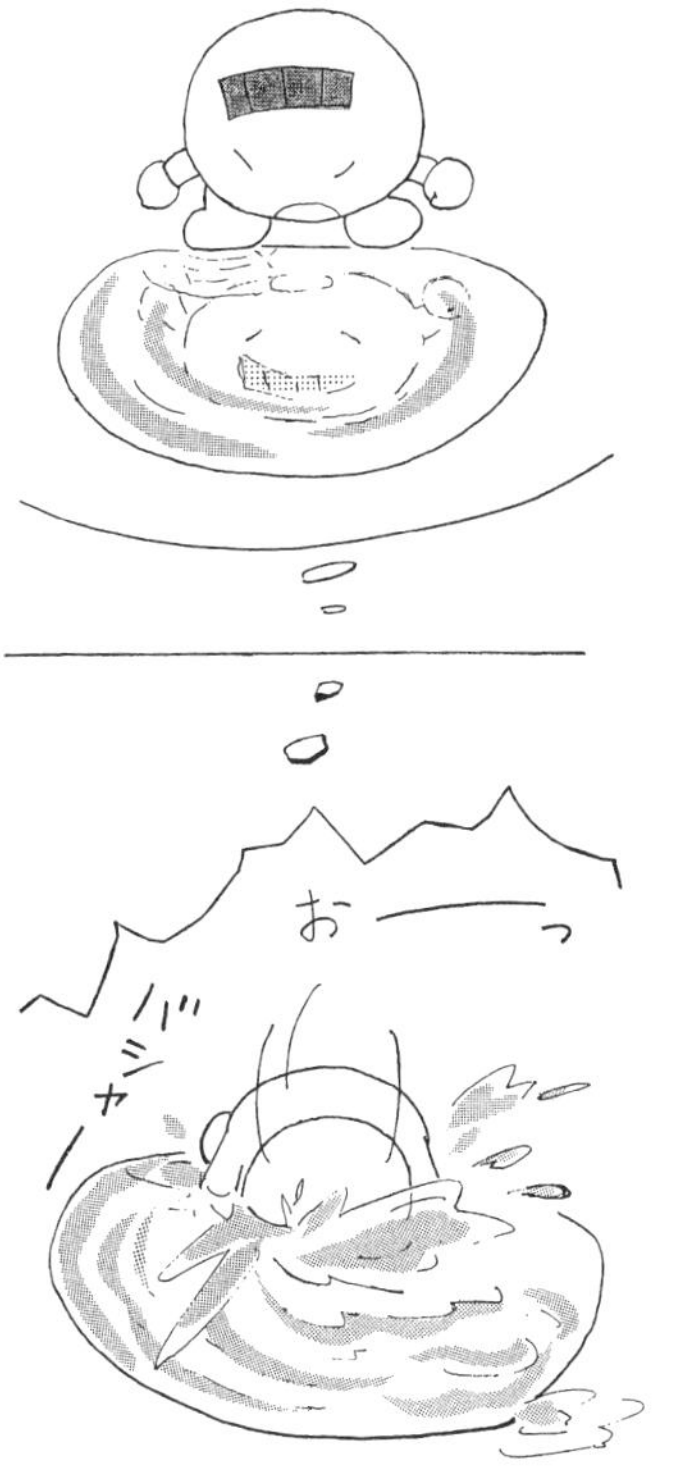

◉『ファースト』62ページ

「空にあんぎゃあー」

◉『ファースト』63ページ

(7) 孤独・自意識・自己嫌悪
——内側は嵐

自分をまとめているとき、心の中では独特の気分が生まれる。孤独感、自意識過剰、自己嫌悪などだ。

これらはコトバで説明しても、なかなかわからないので、心象風景（心のありさま）で表してみよう。感じ取ることでわかってほしい。これを**共感的理解**という。

コトバの説明による理解は**概念的理解**という。心を学ぶには、共感的理解と概念的理解の両方が必要なようだ。

上の2枚の絵を見てみよう。

「水たまりにバシャー」は、水たまりに映った自分を見ていたら、急に頭を突っ込んで、映っていた姿をかき消したくなったという絵だ。

「空にあんぎゃあー」は、空に浮かんだ自分の姿を見ていたら、急に頭突《ずつ》きで打ちこわしたくなったが、向こうからもぶつかってきてガチーンと衝突したという厳しい図だ。

どちらも孤独、自意識、自己嫌悪を表している。さらに、「水たまりにバシャー」は、冷たい水にびしょぬれになる自分のみじめさが予想される。「空にあんぎゃあー」は、自分の脳天を直撃する痛みが実感される。より過激だ。

こうした心象風景に、現実の青年たちはどれくらい共感してくれるだろうか。アンケートを行ってみた結果が上の表だ。

表　自分をまとめているときの心象風景に対する共感的理解者（人）

	水たまりにバシャー	空にあんぎゃあー
よくわかる	17（20％）	8（10％）
なんとなくわかる	26（31％）	20（24％）
よくわからない	41（49％）	55（66％）

※対象者は18～19歳、84人。「空にあんぎゃあー」は１人無回答。

カッコ内のパーセンテージを見ると、「よくわかる」が10～20％、これに「なんとなくわかる」を合わせると、35～50％くらいだ。だいたい、それくらいの青年たちが、自分をまとめるときに孤独、自意識、自己嫌悪などを体験している。

あとの青年たちは、孤独、自意識、自己嫌悪がそれほど強くないか、あるいは、強くても「アレ何だろう？　けっこうキツイな……けど、まぁ、いいや」とその意味に気づいていないと考えられる。気づいていなくても、「心は嵐」ということもある。

もちろん、絵が下手すぎて、とても共感的理解までいかなかったという可能性も大きい（申し訳ないです）。

◉『ファースト』64ページ

（8）自分の大きさ――30％もまとまればいいほうだ

心の中にたまった、たくさんの**自分の感じ**をひとつにまとめるのは最初から無理な話だ。基本的に不可能であると、あきらめたほうがいい。

たとえば、「オレって、暴れん坊」「オレって、いばり屋」「オレって、元気」などは、くっつけようと思えば、くっつけられるかもしれない。さらに、これに「オレって、男」「オレって、中学生」

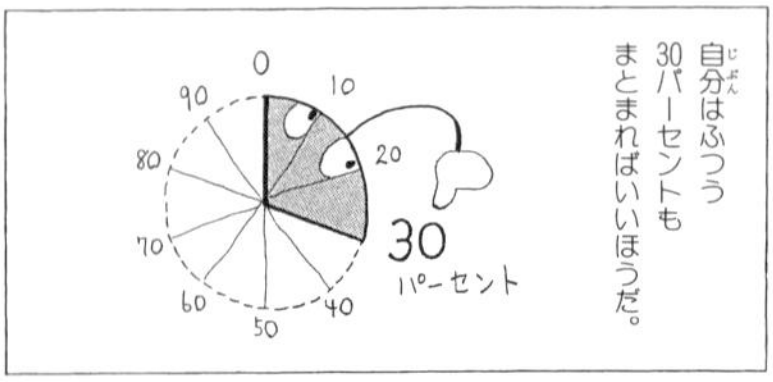
自分《じぶん》はふつう
30パーセントも
まとまればいいほうだ。
0
10
20
30
パーセント
40
50
60
70
80
90

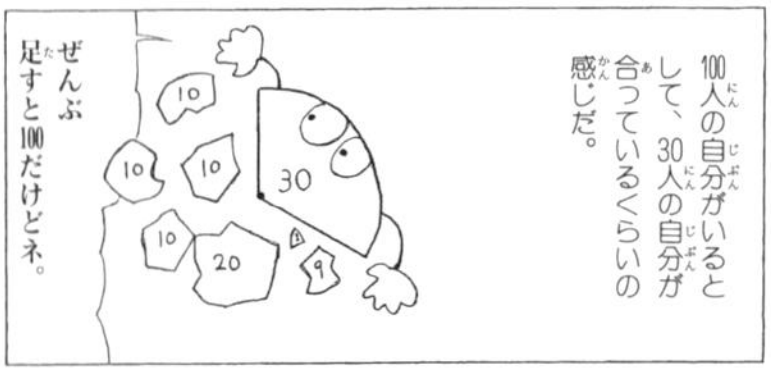
100人《にん》の自分《じぶん》がいると
して、30人《にん》の自分《じぶん》が
合《あ》っているくらいの
感《かん》じだ。
ぜんぶ
足《た》すと100だけどネ。
30
10
10
10
10
20
9

◉『ファースト』65ページ

をくっつけて、ひとまとめにすると「ツッパリ少年」くらいにはなるかな。

でも、「ツッパリ少年」に、「オレって、臆病」「オレって、夢見がち」は合わないね。こういう感じはその辺にほうっておくか……、となる。

こんなふうに、「自分の感じ」は部分的にまとまるが、残りはバラバラのままにしておくしかない。バラバラの中で、2つ、3つ、くっつくなら、それはくっつけてもいい。小さなまとまりがゴロゴロできるだろう。

つまり、"Who am I?"（自分は誰なのか）の答えは、大きかったり小さかったり、また、いくつも出る。

もちろん、なるべくひとつの大きなまとまりになるほうがいい。そのほうが、自信をもって「オレは、ツッパリのヨシローよ！」と言える（実際に言わなくてもいいが）。

あまり大きいまとまりでなければ、「オレ、いちおうツッパリなの」くらいになるだろう。

この「オレは〇〇だ」といちおう言えるのが、だいたい30%くらいだ。心の中にたまっているすべての「自分の感じ」をくっつけてみて、100個のうち30個くらい、10個ならそのうち3個くらいが、

くっつけようと思えばくっつきそうだなぁという程度だ。

Q&A 30%という数字はどこから出てきたの？

Q 自分は30%くらいまとまればいいほうだ、というときの、この30%という数字は、どこから出てきたんですか？ 何か根拠があるのですか？

A ありません。

子どもの生活場面として、家庭・学校・社会で、それぞれ「自分の感じ」がまとまるとしたら、全体の3分の1ずつになるという試算です（10%はバラバラで残る）。大人の主な活動領域も、仕事・遊び・人づきあいで、やはり3つくらいですし……ね。

統計分析という研究領域からの飛躍的発想では、因子分析で1因子解を採るとしたら固有値比率は最低30%は必要かなというカンです（説明はしませんが同業者の方々はそれとなくわかると思います）。

だいたい、そんなところから出てきた数字です。そのうち、客観的な測定道具が開発されると思います（天気予報も昔は「明日は晴れ時々くもり、ところによって雨」から今は確度の高い降雨確率を出せるまでに発展しました）。

(9) 自分のまとまりと意志——控えよ！ 控えよと言うておる！

「オレは○○だ」と言えるまとまりは、**自分の意志**になる。

だから、自分のまとまりができると、気持ちのぶつかり合いに強

◉『セカンド』88ページ

◉『セカンド』79ページ

くなる。気持ちのぶつかり合いが起こったとき、「オレは○○だ」「だからこうするんだ！」とズバリと意志を通せるからだ。

意志とは、**自己基準で決める**ことだ。

「オレはツッパリだ」という自分のまとまりができたら、これを基準にして、ツッパリにふさわしい気持ちを勝たせる。ツッパリにふさわしくない気持ちは、「そんな情けないことはしない！」と抑えることに決める。実に単純明快で、心を守る技よりも、はるかに力強い。

だから、ノーメン軍団が子どもたちの心に踏み込んで、どんなに一方の気持ちに味方しても、子どもたちは「ＮＯ！」と言えるのだ。心を守る技は、気持ちのぶつかり合いから心を守るが、自分のまとまりは、**悪者とのぶつかり合い**からも心を守ってくれる。

(10) 自分のまとまりから生き方へ——そーかあ！ 生き方ができるのか！

自分のまとまりは、自己基準として何回も使っていると、やがて自分の**生き方**になる。

自分の生き方とは、**価値観に従った生き方**のことだ。

だから、貧しい、安っぽい、バカげた生き方はしない。

◉『サード』83ページ

たとえば、いじめの気持ちを抑えるとき、「カメたたき」のような安っぽいやり方は「情けない」と感じるのだ。

また、たとえば、初めて経験する気持ちのぶつかり合いには、まだ心を守る習慣ができていないが、そんなときも自分の生き方をもっていれば、「自分流」または「自分の方針」に従って決定することができる。

自分のまとまりが生き方として固まってくると、初めての場面や未知の問題に対してあわてたり、うろたえたりすることがなくなる。

◉『セカンド』90ページ

Q&A

自分のまとまりはアイデンティティ？

Q　「オレは○○だ」という自分のまとまりは、専門用語で「アイデンティティ」と言うんじゃないんですか？

A　はい、そうです。

質問してくれたあなたは、きっと心理学専攻の学生さんですね。

「自分のまとまり」とは、**アイデンティティ**のことです。

「オレは男だ」「わたしは女だ」は性アイデンティティ、「オレは漁師だ」「わたしはシェフだ」は職業アイデンティティ、「オレはキリスト教徒だ」「わたしは無宗教だ」は宗教アイデンティティ、「オレはツッパリだ」はツッパリ・アイデンティティ、「ワシは九州男児ですたい」は県民アイデンティティ（地元民アイデンティティかな）……です。

なお、右のうち、「わたしは無宗教だ」は反対性のアイデンティティです。そのほうが「自分の感じ」のくっつきがよければ、そうまとまります。「無党派層」「アンチ巨人」を自認する人たちは、そうした反対性のまとめ方をしています。

このように、「オレは○○だ」「わたしは○○だ」の○○に入れられるものなら、すべてアイデンティティになります（人物名詞にしてください）。

アイデンティティは「同一性」と訳します。「わたし＝○○」という、同一であることを意味しています。今日では、「アイデンティティ」のまま通用するようです。

Q&A　完全にまとまることはないの？

Q　自分のまとまりは、部分的だということですが、100％完全にまとまるということはないのですか？

A　ないです。

100％まとまっていたら、それは本当にまとまっているのか、あやしいです。

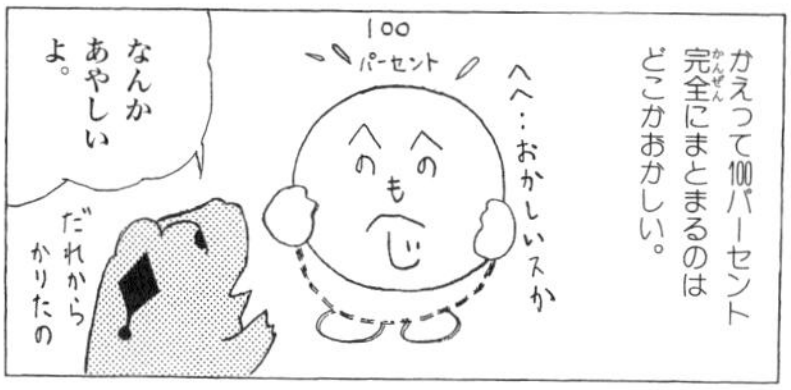

自分のまとまりができることを、**アイデンティティ達成**と言います。アイデンティティ達成には、次の状態があります。

・全面達成…ありえない。あったら左の「擬似《ぎじ》達成」と疑うべき
・部分達成…ふつうはこれ。まとまりの大きさを変えながら一生を送る
・否定達成…いやな「自分の感じ」を集めると、できる。否定したくなる
・擬似達成…借り物のアイデンティティをかぶる。まとめたわけではない
・拡　散…まとまらない。どうしてもパーセンテージが増えない

◉『ファースト』65ページ

Q&A　否定達成とは、どんなふうになるの？

Q　アイデンティティの否定達成というのは、なんか、いやですね。どうなると、そんなふうになるんですか？

A　心の中に、いやな「自分の感じ」が多くたまっていると、そうなります。否定達成は、ネガティヴ・アイデンティティとか、ネガティヴ・セルフイメージとか言われます。日本のような「ほめない文化」でよくできあがります。日本の家庭・学校・社会は、ほめる場面と方法をあまりもっていません。それで、子どもに肯定的な「自分の感じ」を与えることが少ないのです。

子ども自身が「自分の感じ」を、よくくっつくからどんどんくっつけていったら大きなまとまりになった、でもいやな感じのまとまりだった、となるのが否定達成です。

たとえば、「グズ」で、「のろま」で、「不器用」で、「口べた」で……と、延々とくっついていきます（これは私の例ですが、否定的な感じは本当によく

くっつくなぁ)。

逆に、ガンガン「ほめる文化」では、青年たちは優越的な「自分の感じ」を延々とつないでゆくでしょう(自己嫌悪よりも自己尊大の気分になる)。

なお、自分のまとまりをそのまま受け入れるかどうかは、また気持ちのぶつかり合いの問題です。

大きな否定的まとまりをとことん見えないことにし、小さくても気に入ったまとまりを「これが本当の姿なんだ」と理由をつけて自己基準にすれば、その小さいまとまりのほうが、自分の「生き方」として確立するかもしれません。

そのときは、大きな否定的まとまりは、泡のように広がっているだけで、実質は小さなものだ(取るに足りない)と価値づけられるでしょう(あいかわらず、グズで、のろまだが、それがどうした、自分の生き方には関係ない、と)。

(11) サブセルフの集まり——こっち、いってみよー

自分のまとまりは部分的だ(部分達成)。

この部分的まとまりを、**サブセルフ**と呼ぶ。サブセルフとは、「小さい自己」「下位の自己」という意味だ。

自分のまとまりとは、サブセルフの集まりだ。

イメージとしては、世界のまとまりを思い浮かべるといいよ。世界は大小の国々の集まりだが、自分も、大小のサブセルフの集まり

だ。世界に大国があり、世界の動きが大国に影響されるように、自分の動きも、大きなサブセルフの動きに影響される。

世界に大国がいくつかあるように、自分にも、大きなサブセルフが2つ、3つとできると、不安定になることがある。大国同士が違う主義主張をもっている場合だ。自分でもそんなことが起こることがある。

たとえば、「彼は仕事と遊びでは別人のようだ」「二重人格じゃないのか」という印象になる。

いや、二重人格ではない。

本人自身は、どちらも自分だと感じている。「仕事のときの自分はキライだ」と思っていても、キライと思っているだけで、やはりそれは自分だと感じている。遊んでいるとき、仕事している自分を忘れていても、遊びの最中でふと思い出すと、「アアー、ああいうオレもいるんだよ」と、やはりそれを自分だと感じる。

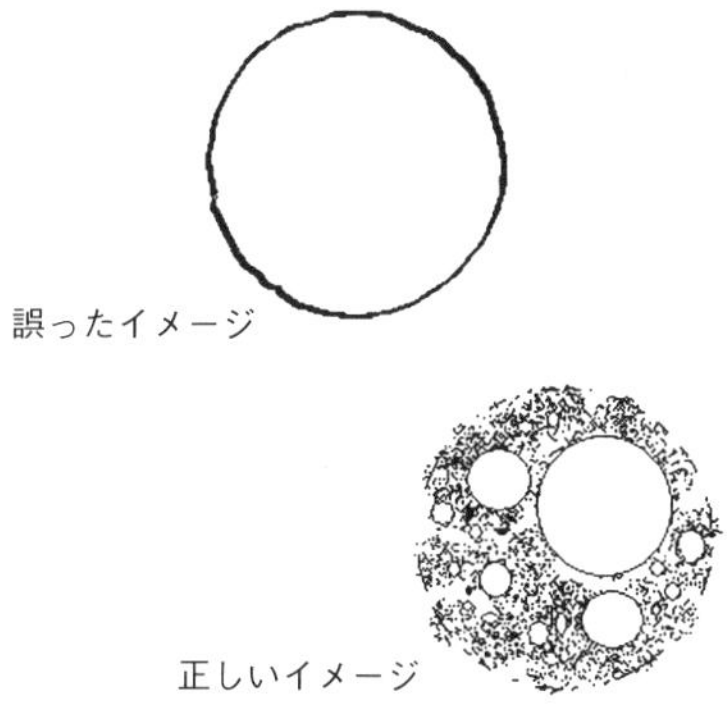

図　自分のまとまりのイメージ

◉『ファースト』66ページ

二重人格（または多重人格）とは、一方をキライと思うことも忘れてしまうこともできない、まったく互いに他を知らないサブセルフ同士のことだ。これは精神病であり、心と自分の発達場面で現れることはない。

国々の話し合いの場として国際連合がつくられているように、自分にも、サブセルフ同士の衝突を防いだり、関係を調整したりする**国際連合のような場**がつくられているといいね。たぶん、進んだ自分はそんな国際連合のような場を、自分の中にもっているだろう。

Q&A　自分の中の国際連合？

Q　「自分の中の国際連合」って、あるか、ないか、どうすればわかりますか？

A　心理学でいう**メタ認知**、**内言**《ないげん》、**概念体系**などの発達を調べれば、わかると思います（具体的な調べる方法は開発されていません）。

◉『セカンド』186ページ

どれも心の、奥の奥にあり、内の内にあり、上の上にある能力・機能・組織です。ある意味では、メタ認知、内言、概念体系は、「最後に現れる自分」と言ってもいいと思います。ぜひ最後に現れてほしいですね。

⑫ 自分をまとめるコツ――先生、わたし行きます

自分をまとめるコツは、**人のまねをする**ことだ。

誰かしっかりした生き方をもっている人物を探し出し、その人をモデル（見本）とする。つまり、「その人のようになりたい」と思える先輩や先生、上司や師匠を見つけることだ。そして、できれば、ついて行くんだ！

スポーツ選手やタレント、俳優でもOK！（ついて行けないけどね……）

小説やマンガ、ドラマの登場人物（架空のキャラクター）でもいいよ。かえって、現実の人間よりも、生き方や価値観がハッキリしていてわかりやすい（私は『男はつらいよ』という映画の〝フーテンの寅さん〟を時々モデルにしている）。

そうしたモデルの考え方、感じ方、価値観をまねることだ。口調や表情、しぐさなどをモノマネしてみるのも、とてもいい。「なり

きること」「なりすますこと」が大切だ。本当に口調や表情をそっくりモノマネするには、その人物の内面まで想像しなければならない。「そうか！　あの人の、ああいう表情としゃべり方は、少し斜《しゃ》に構えて、クールなふりをして、そのくせシャイ（恥ずかしがり）にならないと、できないのか……」などと悟ることだ。

すると、自分の中でも、そんな感じをくっつけてみることになる。口調や表情やしぐさがよく似てくると、内面の自分のまとまりも、モデルと似てくるだろう。

だが、実際に、自分のまとまりがモデルと似ているかどうかは、実はどうでもいいのだ。**自分をまとめる良い練習**をさせてもらうことが目的なのだ。「自分の感じ」のどれと、どれをくっつけるといいのか、ヒントをもらい、実際に試して、うまくいくか確かめ、その試行錯誤を繰り返すこと、それが大切なのだ。

モノマネも、名人芸になると、「あの人よりも、アンタのほうがずっとあの人らしい」という、わけのわからないほめ方をされる。自分のまとめ方も、そこまでいけば大成功だ。次の新しい師匠《モデル》を探して、もっと新しいまとめ方を見つけていこう。または、自分が一《ひと》角《かど》の個性ある師匠になる道を歩むことだ。

Q&A モデルをまねすることは擬似《ぎじ》達成か？

Q 自分をまとめるとき、モデルを見つけてまねするのは、アイデンティティの擬似達成じゃないんですか？

A ちがいます。

擬似達成は、「借り物」をかぶっているだけで、モデルの内面をまねしているわけではありません。コトバが同じ、服装が同じ、ギターなどの持ち物が同じ、行動が同じというだけで、モデルとなった人物とは似ていません。要するに、擬似達成は、モノマネとしては下手であり、ぜんぜんモノマネになっていないのです。

昔から、青年たちが狂信的教祖にたぶらかされる事件が、ときどき起こります。

ついスゴイものに、ひかれてしまう。
お、あれにしよう！
カッコイー！
おれはギターをだいたワルなのさ。みんなビビリやがれ！
ギターのワル
かなりはみでるんですけど
そんな自分《じぶん》は、捨《す》ててしまいな。
へへ、まとまったぜ！
オーノー
なかみスカスカ
実《じつ》は形《かたち》だけでまとめていない。つらいとよくやる。

◉『ファースト』67ページ

教祖と同じことを言い、同じ服装をし、（教祖はすんだとされる）同じ修行をします。それで、青年たちは、教祖が達成した（とされる）自分のまとまりに近づいていると錯覚するのでしょう。

逆に言えば、彼らは、もう自分をまとめる気がないのでしょう。以前にアイデンティティの達成にさんざん悩み、苦しみ、いやになってしまったのでしょう。それで、どこか超常的・神秘的で、頭で考えてもわからない、ものすごい人物のまねをすることにしたのでしょう。

だけど、中身までまねる気がないから（擬似達成）、下手なモノマネを見せられているようなものです。本気で教祖の〝そっくりさん〟になろうとすればいいのにね（話し方から笑い方から指の立て方まで）。そうすれば、教祖がもつ自分というものが、実にうさんくさいものであることに、すぐに気がつくはずなのですが。

⑬ 生きがいづくり——何のために生きるのか

自分のはたらき2（自分をまとめる）は、「自分は何なのか」と問うことから始まった。

そうしてできた自分のまとまりは、いくつものサブセルフの集まりだ。

いくつものサブセルフが「自分らしい生き方」を、いくつも出してくる。そうなると、今度は、生き方をまとめなければならない。

「自分をまとめる」から「生き方をまとめる」へ進むのだ。

生き方をまとめることは、「何のために生きるのか」と問うことだ。その答えは、**生きがい**になる。生きがいとは、**生きる目標**のことだ。

◉『サード』160ページ

◉『サード』161ページ

おしるこ屋さんの「おしゃべり歓迎」「学割メニューあり」は、その店の方針であり、店長さんの生き方だ。

だけど、店長さんは、お店だけで生きているわけではない。他の場面では、他の方針で気持ちや行動を決定している。たとえば、友だちとのつきあいにも、自分らしいつきあい方をもっているだろう。お店の方針と、友だちとのつきあい方が似ていれば、まとめることができる。「お金がなくても来てよね」というような……。

そんなふうに、自分の生活全体で、生き方、生活方針、自分流の価値などをまとめてゆくと、「何のために生きるのか」に答えられるようになる。そのとき、生きがいができるのだ。

だけど、やはり、すべての生き方や生活方針のうち、30％くらいがまとまればいいほうだと思う。ただ、青年期ではまだ心配する必要はない。「若いうちに生きがいを見つけよう！」とは言わない。生きがいづくりは壮年期からの課題だ。

(14) 人生の見方――年齢を3で割る

人生は、だらだらと続く時間ではない。たとえば、朝があり、昼があり、夜がある。朝食があり、昼食があり、夕食がある。おやつがあり、昼寝があり、趣味の時間がある。

　1日にそんなメリハリがあるように、人の一生にも、意味のある区切りを見つけよう。長い人生を送る指針になるよ。

　年齢を3で割ってみるといいんだ。そして、こんな感じで生きてみたらどうだろう。

・3時…夢の中で幸せ。小学生はいいなあ（9歳）
・4時…もうすぐ夜明けだ。中学校入学。やるぞー！（12歳）
・5時…朝日がまぶしい。1日のスタートだ（15歳）
・6時…明るくなった。さわやかな空気を吸って「朝練」かな（18歳）
・7時…朝ごはん。ここでしっかり腹ごしらえ（21歳）
・8時…出勤。1日の仕事の始まりだ（24歳）
・10時…ひと休み。これからお昼まで調子を上げて行くぞ（30歳）
・12時…お昼ごはん。午後のために楽しく食べよう（36歳）
・15時…コーヒーブレイク。仕事の締めくくりを考えながら（45歳）
・17時…ひとまず区切りをつけよう。やり残した仕事は何かな？（51歳）
・18時…世のため人のため、若い者のために、もうひと働きか

◉『セカンド』115ページ

（54歳）

・20時…おつかれさま。生ビールでカンパーイ！　自分をほめよう（60歳）

・21時…夜の憩いの時間。好きな趣味に使おう（63歳）

・24時…1日が終わり、日が変わる。ゆっくり静かに休もう（72歳）

・29時…2日目の午前5時。再び、のぼる朝日をながめる。心静かに（87歳）

それにしても長く、過ぎてみれば短い……。

5章　自分のはたらき3
―― 人とやりとりする

◉『サード』132ページ

（1）トリオでがんばれ、アリサさん！

自分が**人とやりとりする**はたらきは、コトバや表情で行う。そこで、コトバも表情も豊かなアリサさんと、その友だち（ユッキーさん・トモコさん）と一緒に学んでみよう。彼女たちは高校3年生だ。『ファースト』で、アリサさんは、やりとりの中で自分が自分らしく、相手も相手らしくなることを知る。親子も友だちも、やりとりして初めて親子になり、やりとりして初めて友だちになるんだ。『セカンド』では、高校生トリオの朝の通学から始まる。が、いきなりノーメン軍団が現れ、お互いの「心の闇《やみ》」をつつかないようにと、こわがらせる。ノーメン軍団のねらいは、友だち同士のやりとりを止めることだった。アリサさんは必死に抵抗するのだが……。『サード』で、高校生トリオは、自分さがしの旅人・ペルソーニャさんに出会う。なんと、ペルソーニャさんの後ろから再びノーメン軍団が現れる。ボスツーラとチーフはすっかり反省し、心の授業を受けたいと言い出した。高校生トリオに、リロロン先生、ホコちゃん、ヨシローくん、文字顔ガールズも加わり、ノーメン軍団の見せかけのやりとりを暴くのだ。

アリサさん、ユッキーさん、トモコさんは、もうすぐ卒業だ。自分の進路について話し合っていた。進路を考えることは自分づくりのスタートになるって、わかってくれたかなぁ。

(2) コトバ以外のやりとり、ノンバーバル——気やすく呼ぶなよ

こちらがあいさつしても返事がないと、やりとりしていないように見える。でも、やりとりは、コトバだけで行うのではない。

表情、視線、身振り、動作、姿勢など、ほとんど全身を使っている。どんな服装をしているか（外見）、どれくらい間《あいだ》をあけて話すか（距離）も、やりとりになっているという研究者もいるくらいだ。

「コトバ以外」を**ノンバーバル**（non-verbal）と言う。やりとりには、ノンバーバルがものすごく多く含まれているんだ。

ノンバーバルはわかりにくい。だけど、よく注意すると、どんな

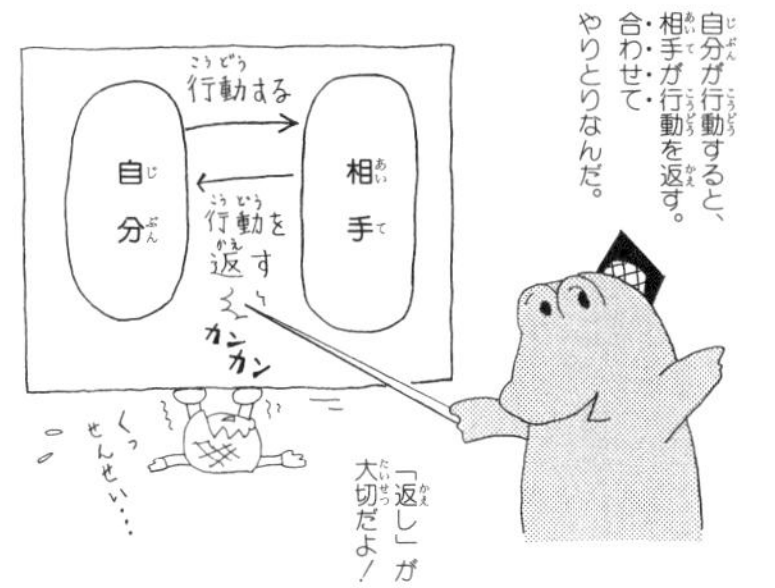

◉『ファースト』79ページ

◉『ファースト』78ページ

◉『ファースト』81ページ

ときも**送り**と**返し**があることに気づくだろう。

こちらが「おはよう！」とコトバを送ったとき、相手が〝オレを気やすく呼ぶなよ〟と思って、表情を固くし、機械的に手を振り、さっさとその場を離れる。コトバの「送り」に対して、ノンバーバルの「返し」で、やりとりしている。

◉『ファースト』91ページ

こちらがニコニコした表情を送ると、相手が「どないしたん？」とたずねる。これは、ノンバーバルの「送り」に対して、相手からコトバの「返し」がある。

人が出会うと、お互いの自分は、やりとりしないではいられない。それくらい、やりとりは、自分の3つのはたらきの中でも、いちばん自然なものだ。だから、やりとりが自然にできないこと、やりとりが不自然にストップすることが、自分にとっていちばんつらい。きちんと送り、きちんと返して、やりとりをしよう！

◉『ファースト』82ページ

◉『ファースト』83ページ

(3) やりとりから「自分の感じ」がわかる――ウン、先生って感じ

自分同士が出会い、やりとりを始める。やりとりの中で、お互いに「自分の感じ」をつかんでゆく。

親子が出会っても、やりとりしなければ「親子」ではない。2個または3個の自分が、そこにいるだけだ。

自分同士がやりとりし合って、向こうの自分は「親の感じ」をつかみ、こちらの自分は「子の感じ」をつかんでゆく。

もし、親のほうが「親と見られていない」と感じたら、子どもの前では「ちょっとは親らしくしようか」と思う**親の自分**がいることに気づくだろう。子のほうが「もう子どもじゃないもん」と感じたら、親の前では「これからは一人前に見てもらいたい」と思っている**子の自分**がいることに気づくだろう。

親子は、やりとりの中でそれぞれどんな親、どんな子であるかに気づき、お互いの関係を確かめているんだ。

学校の教室の中でも、自分同士が出会い、やりとりを行う。その中で、一方の自分は「先生」になり、他方の自分は「生徒」になる。お互いに「先生づくり」「生徒づくり」を始めるんだ。

こっちの行動《こうどう》が多《おお》いのに、相手《あいて》の返《かえ》しが少《すく》なかったり、
ファ〜
そういうわけなの
だからいいでしょ
あさはやくてな
ちゃんときいてよ
相手《あいて》の行動《こうどう》が多《おお》く、こちらの返しが少《すく》なかったりする。
アリサ ちょっと
どないなってんの
なにがあ
ちゃんとこっちみな
やりとりも何度《なんど》も経験《けいけん》してうまくなってゆく。
あわせるとちょうどいいんか

◉『ファースト』89ページ

ただし、やりとりは「送り」と「返し」のバランスで成り立つ。学校では、先生と生徒の人数が違いすぎるから、やりとりも、どうしてもアンバランスで、不自然になる。そのことは、先生も生徒も覚えておいたほうがいいと思うよ。

（4）やりとりと自分のまとめ方

やりとりの中でお互いに「自分の感じ」をつかみ、それぞれ自分は親になったり、子になったり、先生・生徒になったりする。つまり、親として、子として、先生・生徒として、自分をまとめようとするはたらきが起こるんだ。

そのように、やりとりは、自分をまとめるはたらきとつながっている。

自分をまとめるときは、マンガの絵のように上下2段に分けると

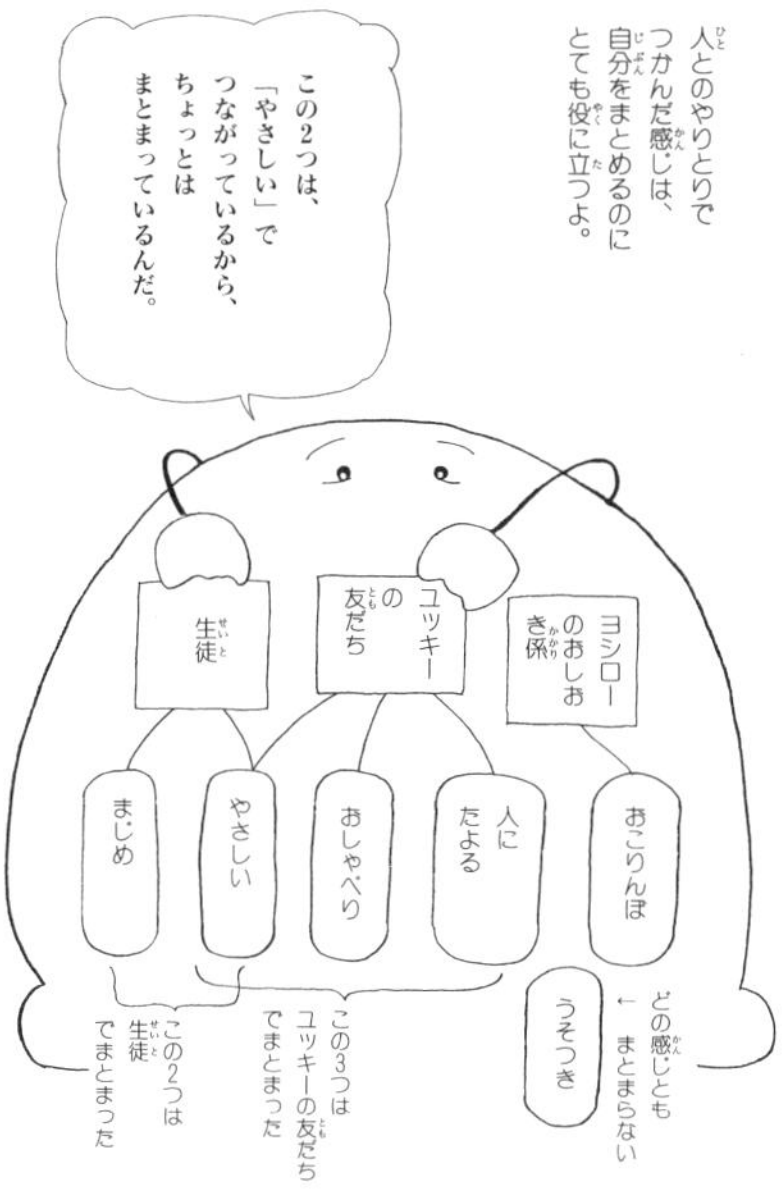
人《ひと》とのやりとりで
つかんだ感《かん》じは、
自分《じぶん》をまとめるのに
とても役《やく》に立《た》つよ。
この2つは、「やさしい」でつながっているから、ちょっとはまとまっているんだ。
ヨシローのおしおき係《かかり》
ユッキーの友《とも》だち
生徒《せいと》
おこりんぼ
人にたよる
おしゃべり
やさしい
まじめ
うそつき
どの感《かん》じとも ← まとまらない
この3つはユッキーの友《とも》だちでまとまった
この2つは生徒《せいと》でまとまった

◉『ファースト』86ページ

いいよ。上段が人物名詞、下段が形容詞・形容動詞だ。「生徒」「ユッキーの友だち」などの上段に合わせて、下段の「まじめ」「やさしい」などをくっつけてゆくと、まとめやすい。とくに、やりとりの中では、上段の人物名詞が自然に出てくるから（「生徒」「友だち」「おしおき係」など）、自分をまとめるよいきっかけになるんだ。

Q&A　やりとりの中で出てくる人物名詞とは？

Q　やりとりの中で出てくる人物名詞って、何ですか？

A　**役割**です。

役割は、関係を成り立たせている部分（part《パート》）です。

親子関係は、親と子という役割（部分）で成り立っています。教師―生徒関係は、教師と生徒という役割（部分）で成り立っています。人とやりとりしていると、自分がひとつの関係を支える部分であることをだんだんと意識してゆきます（**役割取得**）。お互いに「部分《パート》の意識」をもつことが、やがて人物の役

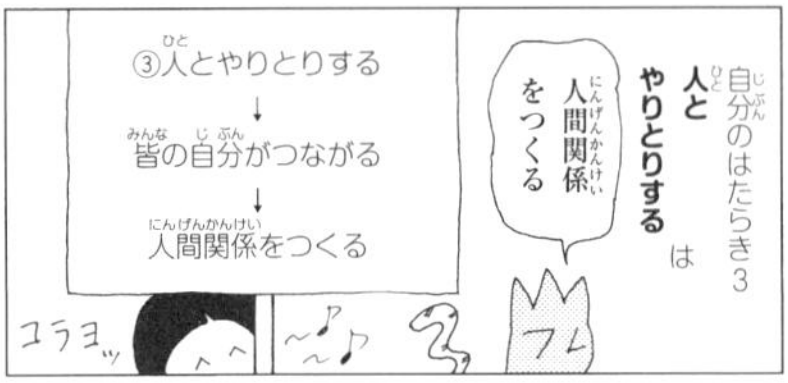

◉『サード』160ページ

◉『セカンド』46ページ

割名（「親」「子」や「先生」「生徒」など）を生み出します。

携帯電話のメール交換は、人間関係の「部分の意識」をもつよりも、送信・受信の操作・記録についての意識が強くなりがちです。そうなると、頻繁にメールをやりとりしていても、自分の役割《パート》意識が薄く、人間関係がなかなか深まらないかもしれませんね。

（5）やりとりと心を守るはたらき

――ホコちゃんの心を守る人はまわりにもいるんだ

やりとりは、やりとりする人と人を近づける。そして、その人たちをつないで、**人間関係**をつくる。

すると、心がこわれるのを防ぐのは、もう自分1人《ひとり》だけではない。やりとりでつながった**みんながひとりの心を守る**ために、はたらき出すんだ。

『セカンド』で、心を守る新しい技「2人《ふたり》でがまんする」「みんなでがまんする」が出てきた。それは、人間関係がその中の1人の心を守るためにはたらく仕組みなんだ。

人が人のために、はたらくとき、「やさしさ」「いたわり」「思いやり」などが生まれる。

基本は、自分に関心をもつ以上に、**他者に関心をもつ**ことだ（た

◉『ファースト』88ページ

だし、うるさく他者をお世話するということではない。それは自分が何をしたらいいかに関心があるだけで、そのお世話をしたら他者はどう思うだろうかということに関心が薄い）。

心理学では、やりとりの中で生まれる性格と行動を、共感性、愛他心、援助行動などのテーマで研究している。

（6）想像のやりとり――そうでしょ、ホームズ！

やりとりが大切だからといって、無理にやりとりの相手をつくる必要はない。かえって、あとがたいへんになることがある。だから、私はあまり友だちをもっていない。無理に、やりとりの相手をつくらないことにしている（のかな）。

自分をまとめるときも、現実の人物をモデルにしなくてもいいよと言った。それと同じだ。やりとりも、現実の人間とのやりとりだ

人《ひと》とのやりとりは、現実《げんじつ》の世界《せかい》だけではない。想像《そうぞう》の中《なか》でも、やりとりすることができる。
ユッキーなら笑《わら》うかなぁ…。
なの
ウソォ
でね
ホントォ
小説《しょうせつ》の登場人物《とうじょうじんぶつ》とやりとりすることもできる。
犯人《はんにん》はクツを逆《ぎゃく》に、はいていたのよ。
オッ
そうでしょポームズ!
たんていポームズ
消えた足あと
歌手《かしゅ》やタレントとやりとりすることもできる。
ゆめだ わかさだ ビジュアルだ
あ
見方《みかた》・生き方《かた》・感《かん》じ方《かた》
がんばって!
わたしもがんばるよ

◉『ファースト』90ページ

けでなくていい。

本やドラマの中の主役と、やりとりしよう。自分は脇役になるといい。

主役が「先生」なら、こちらは「生徒」でいこう。主役が「カッコいい先輩」なら、こちらは「先輩にあこがれる大勢の後輩のうちの1人」でいこう。主役が「名探偵」なら、こちらは時々、名探偵の推理にヒントを与える「助手」でいこう。

本やドラマは、日常ではなかなか経験できないやりとりを経験させてくれる。また、現実の人物とのやりとりは、時間も労力もかかるが、本やドラマは読むだけ・見るだけでいいし、登場人物たちの性格も、そのやりとりも、たいへんわかりやすい（わかりにくいものは本やドラマにならない）。

現実は本やドラマのようにはいかないが、現実だけでは、それほど豊かな体験ができないことも確かなのだ。

◉『サード』80ページ

Q&A 本の中のやりとりでは現実の人間関係はできない？

Q 本やドラマの中のやりとりは、結局、本の中だけですよね。現実ではなかなかできないようなやりとりは体験できますけど、現実の人間関係はできないんじゃないですか？

A はい、できません。

現実の人間関係は、現実の人間とやりとりをしないとできません。本やドラマでも想像上の人間関係をつくれますが、自分がピンチのとき駆けつけてくれる人物は現れません。だから、現実だけというのも貧しいですが、本やドラマだけというのも空しいですね。

なお、本より、歌のほうが少し現実的です。歌は歌手が実在し、声も出し、こちらに歌いかけてくれます。自分がピンチのときに歌を聞けば、その歌手が自分のために慰めや励ましのメッセージを送ってくれている気がします。

青年期は、情緒的・回顧的な歌よりも、メッセージソングのほうが好まれます。これは現実のやりとりの代わりになっているからでしょう。メッセージに対して、おそらく青年は何らかの「返し」を心の中で行っているはずです。

私が大学受験で二浪したときは、自宅浪人でした。外出しなければ人とやりとりする機会がなかったので、代わりに本も読みましたが、歌もよく聞きました。地元のラジオ局で流れていた、農村の若者が自作自演で歌う『おめ、まだ春らかや』（富所正一さん・故人）はあのころ好きでした。「おめ、まだ春らかや、人ぁへぇ秋らてがに」（おまえはまだ春なのか、人はもう秋だというのに）と、キツーイ新潟弁のしゃべくりで始まり、「人よりも遅れてる……、人よりも遅れてる……」と歌い出します。2番の歌詞も「おめ、まだ田植えらかや、人ぁへぇ稲刈ってるてがに」とまくし立てます。そして、最後に「おめ、まだ生きてたかや、人ぁへぇ死んだてがに」と言って終わります。

「急いだっていいことあるかよ！　1、2年遅れたからってどうってことないよ！」と励ましてくれているように思いました。二浪の身には、グッとくるメッセージソングでした。

なお、富所さんは、この歌がレコード化される直前に亡くなりました。

6章　ノーメン軍団の野望

◉『セカンド』61ページ

ノーメン軍団は、心の征服をたくらむ秘密結社だ。人々を思いどおりに動かし、世界を支配しようとする。

なんと、彼らは、心を勉強する強い意欲をもっている。もちろん、それは心をあやつり、心のはたらきを利用することに興味があるからなのだ。このままでは、たいへんなことになる。子どもたちが危ない。ほうってはおけない。彼らの「心の征服」作戦をよく知って、早急に対策を立てなければならない。

(1) やりとりストップ作戦——もうエエ!

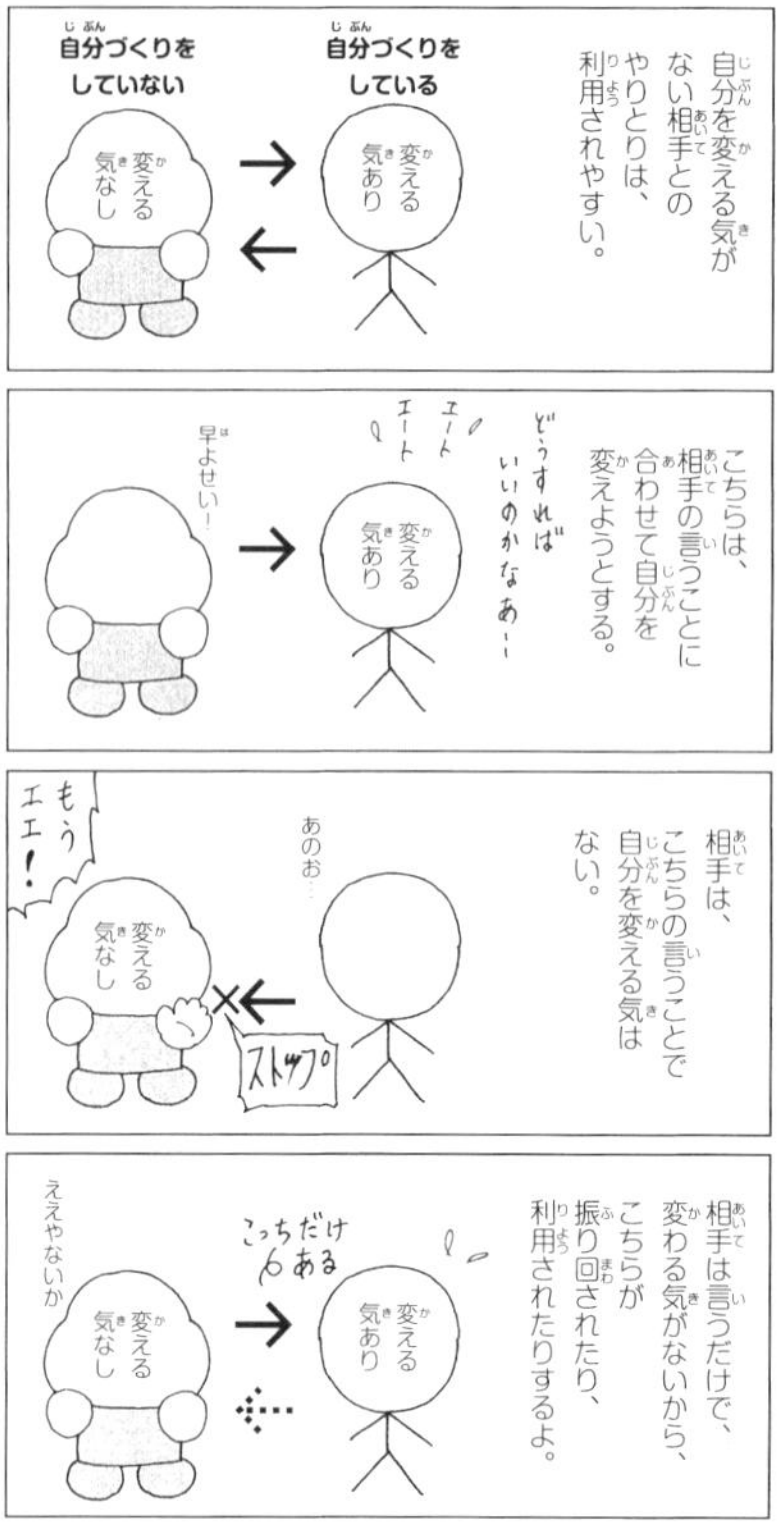

◉『サード』176ページ

ノーメン軍団が、やりとりをするとき、それはやりとりのように見えるが、実は、やりとりではない。

やりとりが目的ではなく、やりとりを彼らの都合のいいように利用することが目的なのだ。これが、ノーメン軍団の「やりとりストップ」作戦だ。

◉『セカンド』161ページ

この作戦のポイントは、こちらは変わらないで、相手を変えることだ。

そのためには、こちらの言いたいことを言うこと、そして、相手の言うことを聞かないことだ。次のような特徴が見られたら、「やりとりストップ」作戦だ。

・話が長い（なかなか「返し」ができない）
・やたらに相づちをうながす（こちらに「わかりました」と言わせたがる）
・質問や反論をすると怒る（「聞いてなかったでしょ」とか）
・都合が悪くなると打ち切る（しばらくして「でもね」と言ってまた話す）
・返答をせかす（時間を与えてくれない）

(2)「心の闇」作戦——とんでもない自分かもしれんのお

世の中に、とんでもない事件が起こるのはなぜか。

それは、「とんでもない自分がいるからだ」「心の闇に、とんでもない自分がすんでいるからだ」と、ノーメン軍団は言う。

そんなことを言われたら、みんな、心の中を不気味《ぶきみ》に感じてしまう。自分も相手も何をするかわからない、こわーい生き物に見えてくる。

心の中をのぞいたら、とんでもない自分が闇の中からこっちを見ていた。心の話をしたら、とんでもない自分が聞きつけて、闇の中から飛び出してきた。……そんなことになったら、たいへんだ。自分自身を見つめることも、相手とやりとりすることも、やめておいたほうがいいと思えるだろう。

だが、それこそ、ノーメン軍団のねらいなのだ。自分づくりも、やりとりも止《と》めてしまい、心を征服しやすくするのだ。

でも、だいじょうぶ。心の闇は作り話だ。「どうして、とんでもない行動が起こるのか、わかりません」という意味の〝気取った文学的表現〟にすぎない。わからないことはない。心理学には、わかっている。若い学問だが百年の歴史があるのだ。

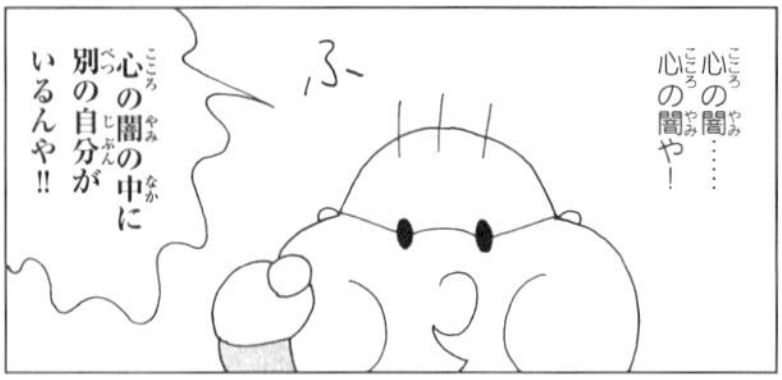

◉『セカンド』146ページ

◉『セカンド』147ページ

自分《じぶん》がいないから
とんでもなくなる！
ふつうの気持《きも》ちと
ふつうの行動《こうどう》が
自分《じぶん》がはたらかない
から、とんでもない
ものになるんだ!!
ハイ

◉『セカンド』162ページ

とんでもない行動は、とんでもない自分が起こしているのではない。心が暴走しているのだ。心のはたらきである知性・感性・動機が暴走しているのだ。

とんでもない行動では、知性は、行動のあとどんな結果になるのかぜんぜん予想していない。感性は感情を失い、ただ興奮しているだけだ。動機は何かをしたいのではなく「何でもいいからしたい」になっている。

知性・感性・動機をコントロールする**自分がいない**せいだ。自分がいれば、通常の指令が出るはずだ。「その後《あと》はどうなる?」「どんな感情が起こっている?」「何をしたいんだ?」と。

だが、自分がいない。心の中央制御室がからっぽなのだ。これでは、ふつうのちょっとした気持ちがすぐに暴走してしまう。もし、ノーメン軍団に従って、やりとりを止《や》め、自分づくりを止《や》めたら、かえって、とんでもない行動が起こりやすくなるんだ。

そして、心をコントロールする自分がいないのをいいことに、ノーメン軍団が心をコントロールしようと踏み込んできて、好きなように心を暴走させてしまうだろう。

そうはさせない！　『心の授業』で、心の闇なんて作り話は吹き飛ばそう！

◉『セカンド』98ページ

◉『セカンド』82ページ

(3) 心の征服実験——子どもの気持ちをわかってあげなくちゃ

ノーメン軍団は、心の征服実験に乗り出した。

子どもたちが実験材料だ。子どもたちの気持ちのぶつかり合いに入り込み、自分のはたらきをつぶしてしまう。そして、欲しい気持ちをそそのかし、勝たせてしまうのだ。どちらの気持ちを勝たせるかは、子どもの自分がはたらいて決めることなのに……。

自分のまとまりもせいぜい30%くらいで、くずれやすいということを、ノーメン軍団は知っている。自分は簡単にくずせる、そして、自分のはたらきを止《と》めれば子どもたちの気持ちは簡単にあやつれるようになるということも、ノーメン軍団は、実験で確かめた。

おそるべし、ノーメン軍団！「心の征服」計画は着々と実現に向かって進んでいる。

◉『セカンド』104ページ

◉『サード』144ページ

◉『サード』159ページ

だが、ノーメン軍団が子どもたちの自分のはたらきを止めようとするとき、犯罪への誘惑や暴力で止めていることも、また彼らの実験で明らかになった。墓穴を掘るとはこのことだ。

ノーメン軍団の隊員も、自分のはたらきを暴力で止められていたことに気づいた。心の知識の悪用に「NO！」と言い、自分のはたらきを取り戻すんだ。

(4) 自分さがし引き込み作戦――わしらが見つけたるでぇ！

ノーメン軍団は、ペルソーニャさんのゼミに入り、「自分さがし」を始めた。もちろん本気でそんなことをするつもりはない。悪巧みがあるのだ。

それは子どもたちを「自分さがし」に引き込み、『心の授業』のクラスをなくしてしまう作戦だ。そして、彼らにとって都合のいい自分を、子どもたちに見つけさせ安心させようというのだ。

だけど、『心の授業』の子どもたちは、ホントの自分はさがさなくても「もう心の中ではたらいているんだよ」と、ペルソーニャさんに教える。ペルソーニャさんは『ファースト』を勉強していたけれど、『セカンド――ホントの自分をとりもどせ――』までは読んでい

◉『サード』163ページ

なかった。

火砕流のダメージから回復し、元気になったリロロン先生も、久々に大活躍する。ノーメン軍団の悪巧みを粉砕《ふんさい》し、子どもたちを前に、心と自分の真実を明らかにするのだ。「心も自分も、つくらないと、なくなるよ！」と。

これには、みんな、びっくり！

そんな大切なことを、ノーメン軍団に知られたらまた悪用されるんじゃないだろうか。心配だ。

◉『ファースト』52ページ

(5) ノーメン軍団の「心の研究」――悪いやつほどよく学ぶ

ノーメン軍団は、心をよく知っている。

だが、心に興味があるのではない。心を利用することに興味があるのだ。けっして子どもたちの心の発達を考えてはいない。反対に、子どもたちの**心の退化**や**自分の消去**をねらっているのだ。

そのため、ノーメン軍団の心の研究は日夜、行われている。

◉『セカンド』95ページ

ノーメン・チーフは『ファースト』を2冊も持っていた。そして、リロロン先生が「自分をまとめるはたらき」について体験学習で教えていたことを、そっくり同じように実行して、ヨシローくんの自分のまとまりをくずすことに成功している。

自分のはたらきを利用されたり悪用されたりしないためには、みんなが、心の知識をもつことだ。

そして、ノーメン軍団よりも豊かに心をはたらかせるんだ。きっと、できる！

◉『ファースト』117ページ

だって、ノーメン軍団が心を守る習慣は「なすりつけ」だけだし、ノーメン軍団の自分のまとまりは最初から「ワル」に決まっていて、もう変わりようがない。それに、ノーメン軍団は「やりとりなんか損するだけや」と最初からやりとりする気もない。

悪いやつほどよく学ぶけれど、学ぶだけだ。悪いやつほど学んだことを自分に活《い》かせない。心を学んでも、ノーメン軍団の自分は、もうそれ以上は発達しないだろう。

わたしたちは、そうではない。心を学び、自分づくりを行い、もっともっと豊かに心と自分をはたらかせ、彼らを高く越えて行こう。

そうしたら、ノーメン軍団は困ってしまうだろう。

Q&A 心の征服はフィクションか？

Q ノーメン軍団の「心の征服」作戦は、マンガの中の話でしょ。実際は、そんなことは起こらないんじゃないですか？

A よく起こっています。

ノーメン軍団のように直接に心の中に踏み込んでこなくても、気持ちがぶつかっているところに、外から誘いのコトバや「ねらいをもった情報」が入ってくることは、よくあります。それが欲しがっている気持ちをそそのかすと、せっかくはたらいていた自分の技が効かなくなってしまうことが多いでしょう。

また、直接に子どもたちの「心の征服」をねらっている大人がいることも事実です。

世界に「少年兵」は数十万人、「少年労働者」は数百万人います（何のことか調べてみてください）。すべてがすべて、心を征服されているわけではありませんが、子どもたちの自分がはたらく前に、ある気持ち（たとえば遊びたい）を押しつぶし、大人に都合のいい気持ちを吹き込んでいることも確かです。

7章　自分づくりのために

（1）自分づくりの目標

自分づくりは、自分を変えることだ。

つまり、自分づくりの目標は**新しさ**だ。

心を守る新しい技、自分の新しいまとめ方、新しいやりとりと新しい人間関係、こうした「新しさ」をつくり出すことだ。

「そんなに簡単に新しいものなんて、できっこないよ」と思うかもしれない。

自分《じぶん》のはたらき1
ホコちゃんは新《あたら》しい心《こころ》の守《まも》り方《かた》を工夫《くふう》するだろう。
習慣《しゅうかん》にするキし
ホコらしい性格《せいかく》になるんだッキー！
自分《じぶん》のはたらき2
ヨシローくんは新《あたら》しい自分《じぶん》のまとめ方《かた》を見《み》つけるだろう。
ホラとんでみろ
こんな生《い》き方《かた》もあるんだぜ…ってか
自分《じぶん》のはたらき3
アリサさんは人《ひと》と人《ひと》の新《あたら》しいやりとりのしかたを生《う》みだすだろう。
いろんな友だちができたね～
お互《たが》いの自分《じぶん》をつないでゆこう、ね

◉『サード』194ページ

そう思ったら、自分のはたらき2（自分をまとめる）のコツを思い出そう。自分をまとめるときに、モデルがいると、よかったよね。それは他のはたらきにも当てはまる。

つまり、自分を新しくするコツは、モデルを新しくすることだ。

その意味で、自分づくりは新しい人物をさがすこと、「人物さが

◉『セカンド』65ページ

し」と言うこともできるよ。年賀状に「今年の目標は〝自分さがし〟です」と書く代わりに、「今年の目標は〝人物《モデル》さがし〟です」と書くと、「こ、心を見抜いている！　どんな修行をしたんだ、このコは？」と正月早々、相手をビックリさせるだろう。

（2）自分づくりと体づくり

自分づくりは、体づくりと同じだ。基本的にトレーニングだ。子どもを遊ばせるのは、子どもの機嫌《きげん》を良くするだけではなく、体を鍛えるという意味が大きい。

筋肉は使わないでいると、そのうち脂肪に変わってしまう。

心も自分も、その機嫌《きげん》を良くするだけでなく、トレーニングをしないと衰えて消えてゆく。

トレーニングといっても、スポーツ選手がやるような強化練習・集中練習のことではない。自分を十分にはたらかせる、という

あら代《よ》さん、こら代《よ》さん
文字顔《もじがお》はやめてそれぞれ自分《じぶん》をはたらかせませんか
ハ、ハイ
…ですやん

◉『サード』183ページ

くらいの意味だ。

たとえば、ふだん歩いているときには、当然、呼吸している。しかし、気がつかないうちに、たいへん浅い呼吸になっている。これを、もう少し深く吸い込み、細く長く口から吐くようにすると、それだけで心肺機能が高まるし、腹筋も鍛えられるんだ。もちろん、おなかに腹筋のコブが並ぶようには、ぜんぜんならないけれど……。

同じように、自分づくりのトレーニングも、強化するというよりは、自分を十分にはたらかせる（はたらいていない状態にしておかない）というくらいの意味だ。そんなにたいへんなことではない。

（3）「ちょっとつらいくらい」——過負荷の原則

自分づくりも、体づくりも、「ちょっとつらいくらい」がトレーニングになる。

たとえば、**気持ちのぶつかり合いを見つめる**のは、ちょっとつらい。「けっきょく、がまんすることになるのか」と思うと、つらさを通り越し、苦しくなってくるだろう。それでも、気持ちのぶつかり合いを見つめてみよう。そして、「自分はがまんできるのか、できないのか」を確かめてみよう。そのあとで、実際にがまんするかどうかを決めても遅くない。

“Who《フー》 am《アム》 I《アイ》 ?”（わたしってどんな人間?）と自分に問うのも、ちょっとつらいね。

ぜんぜん自分の感じがわからず、寂しさを感じるかもしれない。あるいは、いやな自分を見ることになるかもしれない。

それでも、“Who am I ?”と問い続け、自分をまとめてみよう。

「わたしってどんなかな?」
「こんな感じじゃない?」
「エッ、それはちがうでしょ」

と、心の中で会話しているようなコトバが生まれてきたら、確実に自分がまとまり始めているよ。

この「心の中で会話しているようなコトバ」を**内言**《ないげん》という。ふだん声を出してしゃべっているコトバが、音声がなくても使えるくらいに高度に発達したものだ。内言が生まれると、自分のまとまり（サブセルフ）も確実に生まれている。内言はサブセルフ同士が使うコトバだからだ。

“Who am I ?”の答えを考えるとき、内言（心の中のコトバ）で

自分《じぶん》を変《か》える気《き》はあるかい？
自分《じぶん》づくりをする気《き》はあるのかい!?

◉『サード』177ページ

考える練習をしてみよう。

人とのやりとりも、いつもの相手ならラクだが、いつもの相手でもいつもと違うと、ちょっとつらい。自分のコトバや動作を変えなければならないからだ。「どうしたの？」とたずねてみようか、それとも何も気づかないフリをしようか、と迷うこと自体が、いつもの自分を変えている。

それがいやなら、「お互いに相手にそんな気遣いや迷いをさせないようにしようね」と決めて、当たりさわりのない話をすればいいけれど、そういうやりとりはトレーニングにならない。

「自分も変わる、相手も変わる」と了解し合って（口に出して約束するわけではないが）、やりとりすることが、自分づくりのトレーニングになる。

いつもと違った新しい自分を、やりとりの中に持ち込もう。また、相手にも、新しい技と新しい顔をもって、やりとりの中に入ってきてもらおう。やりとりそのものが新しくなる。さらに、お互いに相手をモデルとして自分のはたらきを変えてみることができる。

いつまでも変わらぬ友情や愛情というものは、自分と相手がお互いに変わろうとするから、いつまでも必要で、いつまでも続くんだ。

自分も変わらない、相手も変わらない、そういう友情や愛情はすぐに変わるだろう。というより、すぐに終わるだろう。

（4）「忘れないでくださいよ」——意識化の原則

自分づくりも、体づくりも、鍛えている場所を意識すると効果が大きい。

「深く息を吸って、細く長く口から吐いて」というとき、肩も上下するが、腹筋を鍛えているんだと意識すると、肩の動きより、おなかを出したり引っ込めたりする動きに集中し、トレーニング効果が上がる。

もともと自分《じぶん》のはたらきは、みんなのなかにあるのだから、
それを知《し》って、忘《わす》れないようにすると、はたらき続《つづ》けるよ。
そうキー！よかったキ。
いつも心《こころ》を守《まも》っているキー！
オレっちを忘《わす》れないでくださいよ
わかってるって！生《い》き方《かた》だろ？オレの生《い》きがいをつくるんだろ？
ユッキーとトモちゃんがいるもん！
忘《わす》れようがないね！やりとりのはたらきは
お互《たが》いにね
◉『サード』167ページ

自分づくりも、3つのはたらきを意識しているといい。といっても、自分のはたらきは体と違って目に見えたり触ったりできない。自分のはたらきは、コトバを用いて意識するんだ。忘れないように、キーワードを覚えておくことにしよう。

自分のはたらき1（心を守る）

は、**気持ちのぶつかり合い**というコトバで意識しよう。そして、いま「気持ちのぶつかり合い」が起こっているか、どんな気持ちと、どんな気持ちがぶつかっているかを確かめよう。

気持ちは「〜したい」「〜しよう」「〜しなくちゃ」「〜したくない」「〜してはダメ」などと言ってみるといい。

自分のはたらき2（自分をまとめる）は**“Who am I ?”**という質問文で意識しておこう。「フー・アム・アイ?」と音声で覚える。

答えは、人物の名詞か、形容詞・形容動詞で答える。私が人物名詞で答えてみると、「自分は男だ」「自分は親だ」「自分は中年だ」などとなる。「そういえば男だった」「そういえば親だった」「そういえば中年だった」と、ハッと気がつくことばかりだ。

すると、「男らしさとは?」「親らしさとは?」「中年らしさとは?」に当てはまるような自分の性質があるかを確かめることができる。「男は度胸」「親は頼りがい」「中年は落ち着き」など、これらが自分にはないとわかると、「男でなくてもいいや」と思ったり、「世間の親と違ってもいいや」と思ったり、「どこかに変な中年もいるんじゃないか」と思ったり、自分の手持ちの性質だけで何とかならないかとがんばってみる。へんてこなまとまりだけど、「これでも男だ」「これでも親だ」「これでも中年だ」という自分なりの生き

◉『セカンド』181ページ

方を見つけようとする。

　いつも、こんなスゴイことを考えているわけではないが、年に1回くらい、除夜の鐘を聞きながら自分らしい生き方を内言（心の中のコトバ）で考えてみるといい。

　日ごろの生活では、自分の性質や感じを、形容詞や形容動詞でためておこう。「今日《きょう》は、ちょっとやさしかったかも」とか、「あいかわらず飽きっぽいんだよなぁ」とか、「わりとまじめな一日だったよね」とか。

　自分のはたらき3（人とやりとりする）は、「送り」と「返し」、**ノンバーバル**（コトバ以外）をキーワードとしよう。

　やりとりの「送り」「返し」は、本当にコトバ以外（ノンバーバル）で行われることが多い。やりとりの80～90％は、ノンバーバルだという研究者もいるくらいだ。携帯電話は、通話もメールもノンバーバルではない。たよりすぎないようにしよう。

　やりとりは、架空の人物が相手でも、はたらくと言ったね。それ

◉『セカンド』71ページ

だけではないんだ。やりとりのはたらきは、現実の人物もイメージに変えて**自分の中に住まわせる**ことだってできるんだ。

高度に発達したやりとりは「内化する」と言われている。相手をイメージに変えて、そのイメージとやりとりするのだ。すると、遠く離れていても、心はつながっていると感じる。自分の中に相手のイメージがつくられていると、実際に会っているときに、しゃべらなくても「心が通う」。横にすわっていて相手を見なくてもぜんぜん距離を感じない。

心の中に、やりとりする**相手のイメージをつくろう**。

相手のイメージをつくるには、相手が話すコトバだけでなく、その声、表情、しぐさ、姿勢、身振りなど、コトバ以外の情報を使う必要がある。そのほうがイメージが豊かでリアルになるし、また、思い出すときに手がかりが多いからハッキリ思い出せる。

相手のイメージをつくるためにも、やりとりを意識しておくキーワードは、やはり「ノンバーバル」だ。

(5) 自分づくりと大人たち

自分づくりに大切なものは、心の勉強（知識）、安全でおいしい

こころ
○心《こころ》の勉強《べんきょう》、
○安全《あんぜん》でおいしいたべもの、
○友《とも》だち（想像《そうぞう》の中《なか》の友《とも》だちでもいいよ）
それも大切《たいせつ》だけど自分《じぶん》づくりにいちばん大切《たいせつ》なもの、
それは！

食べ物（脳と体の栄養）、そして、友だち（自分づくりのきっかけ）だ。

さらに、もっと、いちばん大切なものは、**社会の大人たち**だ。大人たちが次のことをしてくれるから、子どもたちは自分づくりができるのだ。

・大人たちは、自分づくりの身近なモデルになる
・大人たちは、自分づくりを助けてくれる
・大人たちは、自分づくりをほめてくれる

◉『ファースト』107ページ

大人が、気持ちのぶつかり合いが起こったときにどうしているかが、子どものモデル（見本）になる。子どもが「アー、そうすればいいのか」と思うのだ。

実際に子どもが同じことをすると、大人が「ヨシ、そうだ、いいぞ」と励まし助けてくれる。そして、うまくいったら、大人が「よ

◉『ファースト』112ページ

くがまんした」とほめてくれる。だから、子どもは「心を守る技」を覚えるんだ（「がまんなんかしてないで、やりたいことがあったら、かまうことないからガツーンとぶちかましてみろ！」というモデルとなり、後押しをし、子どもが実際にそれをやったら、ほめる大人も当然いる）。

自分のまとめ方も、人とのやりとりも、そうだ。大人たちが、モデルとなり、後ろで支え、励ましてくれるから、子どもは自分づくりができるんだ。

大人は、子どもを「同じような大人」にしようとする。

県民気質、民族意識、国民性などが生まれるのは、大人が子どもの自分づくりを方向づけているからなんだ。

たとえば、北海道民は独立心が強いとか、鹿児島県民は情が厚いとか、○○民族は○○教徒としての自覚が強いとか、○○国民はひじょうに強い自尊感情をもっているとか……、どんな県民・民族・国民が、どんな心を守る習慣・生きがい・人間関係をつくっているかは、それぞれ特色がある。大人たちが、大人たち自身の自分づくりを、子どもたちに伝えるからだ。

実際、大人が子どもに伝えようとする自分づくりに、子どもたちは**従うか、反発するか**、という2つのやり方で自分をつくっていく

（二者択一ではなくどの程度従うか、どの程度反発するかという程度問題だ）。

困るのは、大人が子どもに自分づくりを伝えない（伝えるべき自分づくりを大人がしていない）というケースだ。子どもは自分づくりのモデルもなく、助けもなく、ほめられもしない。自分づくりはしなくていい、というモデルを見るだけだ。

（6）大人たちの社会

「大人なんていなくても、自分づくりはできるよ」「大人なんかいなくても、子どもはそのうち大人になるさ」と思う人もいるかもしれない。

不可能だ。

大人がいなくても自分づくりができた人は、**別の大人**が自分づくりを教えてくれたんだ。大人がいなくても、気がつくといつのまにか子どもから大人になっていた人は、別の大人が自分を子どもから大人にしてくれたんだ。

大人の代わりにオオカミが現れれば、子どもは人間の大人にならない。大人がいなくなっても、代わりに**別の大人**が現れるから、子

◉『セカンド』129ページ

どもは人間の大人になるんだ。

これは哲学でも禅問答でもない。現実のこの社会の話だ。現実に、この社会に住んでいるノーメン軍団たちの話だ。

彼らは、親と教師に、親であり教師であることをやめてほしいと思っている。そのほうが子どもたちを、親と教師が望む人間ではなく、彼らが望む人間にできるからだ。

親と教師が、親であり教師であることをやめたら、喜んでノーメン軍団が親と教師の代わりになるだろう。そして、次のような「別の大人」となって子どもたちを手なずけるだろう。

・子どもが自分をはたらかせる前に、何でもしてくれる（親より機嫌《きげん》を良くしてくれる）大人
・子どもが自分をはたらかせなくても、何でもほめてくれる（教師よりモノわかりのいい）大人

それで、ノーメン軍団は子どもたちに、どんな人間になってほしいのだろうか。

「心を守る習慣、自分の生き方、豊かな人間関係をもった人間」ではなさそうだ。「新しさを目標にして自分づくりをする人間」で

◉『ファースト』128ページ

もなさそうだ。それなら、親と教師にまかせたらいいのだから。

まったくこの逆だ。「なるべく自分のはたらきがない人間」「ぜんぜん自分づくりをしない人間」になってほしいのだ。そのほうが利用しやすいからだ。そんな彼らに、子どもたちを渡してはいけない。子どもたちの心の発達と自分のはたらきに、手を出させてはいけない。

では、親と教師は、どうしたらいいだろうか。

親と教師は、**親と教師である前にひとりの人間として**子どもたちと向き合うべきだろうか。

そんな、親子関係、教師―生徒関係をやり直すようなスキをつくったら、**別の大人**が入り込んでくるのではないだろうか。現実の社会は、キャンプ場とは違うのだ。

あくまで親として、教師として、子どもたちの自分づくりに責任をもたなければならない。子どもたちと学び合っても、子どもたちと責任を分け合ってはいけない。子どもたちの自分づくりの方向は、親と教師が決めなければいけないのではないだろうか。

親と教師が迷っていると、ノーメン軍団は現れなくても、ノーメン軍団と同じことをする「誘惑するグッズ」や「ねらいのある情報」がすぐに入り込んでくる。それがこの社会の現実だ（そうなっ

◉『ファースト』113ページ

てしまった)。

親と教師は知識と自信をもち、子どもたちに「こうなれ!」(こういう人間になれ)と言わなくてはならない。そうしないと、「そうじゃなくて、こうしたら……」と**別の大人**が子どもたちの未来を決めに来る。

親と教師が「ひとりの人間として」向き合うべき相手は、親自身、教師自身ではないだろうか。自分はどうして今の親、今の教師になっているのか、自分づくりの過去を振り返り、確かめて、これからこの社会の現実に対して自分はどんな新しい「親づくり」「教師づくり」をしたらいいかを考えることではないだろうか。もちろん、これは親と教師だけではなく、すべての大人に言えることだ。

8章　人間とは何か

（1）人間とは何か

人間は心で生きている。

もし人間が心で生きなければ、人間は**習性で生きる**ことになる。

アライグマは、（見た目やイメージと違って）ひじょうに気が荒い。ひっかき、かみつき、飛びかかる。それがアライグマの習性だ。

イヌにはイヌの習性があり、イヌの種類によっても習性が違う。

もし人間が心で生きることをやめれば、人間も、習性で生きるようになるだろう。人間はどんな習性で生きるだろうか。

しかし、人間の習性についての研究は、なくてもいい。人間は心で生きられるのだから、わざわざ習性で生きる生き物になる必要はない。

人間が心で生きるには、心をつくらなければならない。

心はつくらないでいると、なく

われわれジュラ紀《き》の恐竜《きょうりゅう》は習性《しゅうせい》で生《い》きた。
せんせい・・
ジュラ紀《き》…だったんですか
しかし人間《にんげん》は、習性《しゅうせい》でなく心《こころ》で生《い》きることができる。
はい！
心《こころ》はいいな。
いろいろなはたらきがある。
自分《じぶん》のはたらき…ですね

◉『サード』193ページ

こ、心《こころ》はなくなる…
ものなんですか…
うん。心《こころ》も、自分《じぶん》も、つくらなければなくなるよ。
ぺた
ぺた
心《こころ》の守《まも》り方《かた》も、自分《じぶん》のまとまりも、人《ひと》とのつながりも、つくらなければなくなるよ。
自分《じぶん》づくりを止《や》めたら、自分《じぶん》は同《おな》じままでいるのではない。
やーめた
あれっ
ふっ
自分《じぶん》はいなくなるんだ！

◉『サード』164ページ

なってしまう。

身体器官は使わないでいると退化してしまう。尾てい骨は、人間が使わなくなったシッポの名残《なごり》だ。心も同じで、使わないでいると、退化してしまう（組織を失い白紙化する）。

心も自分もつくらなければ、自分の性格がハッキリしなくなる。生き方（生きる目標）をもたずに「生きる」だけになる。つながりや人間関係も薄くなり、他者はどうでもいいものに思えてしまうだろう。

自分のはたらきだけでなく、知性・感性・動機も、はたらきをなくしていくだろう。知性はただの**場当たり処理**になり、感性はただの**機嫌**《きげん》（生理的快・不快）になり、動機はただの**興奮**になるだろう。

そんなふうに、心と自分がなくなると、人間は習性で生きることになる。習性で生きるから、みんな同じように行動する。個性や個人差はだんだんと見られなくなる。

もし習性で生きて、それで人間という生き物が幸福に一生を終えることができるなら、実はそのほうがいいかもしれない。

マンガで見てきたように、『心の授業』に参加した子どもたちは、つらく、苦しく、涙を流す場面がたくさんあった。心をつくり、自分をつくることは、生き物としてはかなり特殊な仕組みで、ものすごく大きな負担を個人にかける。しかも、その負担が10年も20年も続く。いや、一生、続く。それよりは習性のままに生きるほうが、それで幸せに生きられるならずっといい。

みなさんは、どう考えるだろうか。

人間は、心で生きることをやめたほうがいいだろうか。心理学という学問が必要でなくなる時がきたほうがいいだろうか。

(2) 学問とは何か

『心の授業』の締めくくりとして、学問と心理学について少し話しておきたい。

学問より大切なものがない学問は、無意味だ。何のために学び、何のために問うのかわからないことを、無意味という。

かつて核爆弾の開発に協力した科学者がいた。地球がこわれたら、科学自体ができなくなってしまうのに……。地球がこわれなくても、

◉『セカンド』184ページ

もし地球が住めなくなったら、もし食べ物が作れなくなったら、もし「核の冬」（調べてみましょう）がやってきたら、科学者が研究できなくなるだけではない。人間が生存できなくなる。それをおかしいと感じないのは、おかしい。

自然科学より大切なものは、この地球だ（そして地球上にすむ全生物だ）。

社会科学・人間科学より大切なものは、人間と、その人間の生活だ。学問より大切なものとは、この地球と人間への愛のことだ。

心理学も、人間への愛がなければ無意味だ。周囲にいる身近な人間を大切に思うことが、心の勉強を正しく深く導いていくだろう。

（3） 科学心理学の目的

心理学には、臨床心理学と科学心理学の2つの領域がある。

有意《ゆうい》とは、偶然《ぐうぜん》に起《お》こらないことをいう。

ボスツーラ	ベルソーニャ
10	2

ボスツーラの食《た》べたタコヤキの数《かず》が、たまたま多《おお》くなったのではないことを証明《しょうめい》する科学用語《かがくようご》である。

◉『サード』112ページ

有意《ゆうい》とは、偶然《ぐうぜん》に起《お》こらないことをいう。

心《こころ》の授業《じゅぎょう》のクラスメート	心《こころ》の授業《じゅぎょう》のエスケープ組《ぐみ》
9人	2人

心《こころ》の授業《じゅぎょう》のクラスメートがたまたま多《おお》くなったのではないことを証明《しょうめい》する科学用語《かがくようご》である。

◉『サード』170ページ

臨床心理学は、心の相談や治療を行う。カウンセリングや、心理セラピー（治療）で、悩んでいる**人を救う**のが目的だ。

これに対して、科学心理学は、心の実験や調査を行う。「心とは何か」を明らかにし、心についての**知識をつくる**のが目的だ。

科学心理学は、他の科学領域と同じように、仮説を立て、それを検証して、知識をつくる。検証とは、仮説が正しいかどうかを、証拠をあげながら確かめることだ。

リロロン先生も、ペルソーニャさんも、科学心理学の研究者だ。カウンセラー（相談員）ではない、アナリスト（分析員）だ。心の知識をつくり、それを伝えるのが仕事だ。

◉『サード』119〜120ページ

『心の授業』シリーズは、**科学心理学**のテキストなのである。

あとがき

『心の授業ガイドブック─自分づくりの心理学─』は、マンガ『心の授業』シリーズの解説本です。

マンガ3作品の内容を題材にし、専門的な解説を加えました。全体をお読みくださると、いちおう「心理学を勉強した」と言えるくらいのレベルになっています。たとえば、『心の授業』に出てくる「気持ちのぶつかり合い」「理由をつける」などのコトバを、心理学の専門用語（葛藤、合理化）に置き換えてゆけば、大学で行われている心理学の講義になるでしょう（ただし、そうした専門用語の記憶は心理学専攻生の課題です。日常用語では心を深く理解できないというわけではぜんぜんありません）。

さらに、『ガイドブック』は、学んだ知識を、（知っただけで終わるのではなく）わたしたちの日常に当てはめて活用できるようにしました。つまり、日常の心の問題や「心の危機」について、知識を用いて立ち向かい、知識を用いて認識し、知識を用いて対策を考えることを目指しました。それが最終的に「自分づくり」の提言となっていることをご理解いただければ幸いです。

＊

ここからはお願いです。

基本的に、マンガ3作品も「マンガ」といっても心を学ぶ教材です。

純粋なマンガなら「アー、おもしろかった」で終わってもいいのですが、たとえば教科書は一度読んだだけで、すべてわかるというものではありません。『ファースト』『セカンド』『サード』から『ガイドブック』まで何回か読み返してくださるようお願いします。

『心の授業』を読み、みなさんの日常の中で、心と自分のはたらきを体験する。それからまた『心の授業』を読み返す。そしてまた、日常に戻って体験を積んでいく。そのくり返しで、学んでみてください。

『心の授業』が**教室学習**で、みなさんの日常が**体験学習**ということです。これを毎日くり返すというのではなく、ふと気がついたときでいいですので、『心の授業』を読み返してみてください。何カ月か、何年か経って読み返したときに、「アー、このことかぁ！」と思えることがきっとあるはずです。それが心の授業の〝学び〟です。そうした学びを、人生を通して続けていくこと、それが心を学ぶ最良の、また唯一の方法ではないかと思います。

*

本書で、『心の授業』シリーズは一応完結しますが、心についてのほかに、子どもたちへのメッセージを少し付け加えさせてください。

『セカンド』の各章のトビラの絵は、お米作りでつながっています（田植え、草取り、稲刈り、おにぎり作り）。お米は日本の宝です。お米作りを守りましょう。

『サード』の各章のトビラの絵は、第一次産業（農林業・養鶏・漁業など）でつながっています。第一次産業は日本の基本です。お米をおいしく食べるためにも、第一次産業を守りましょう。

*

株式会社・北大路書房は、1948年創業の、心理学を専門とする老舗の出版社です。『心の授業』シリーズの制作に当たりましては、全社あげての全面的ご支援をいただきました。ここに記して、関一明社長様、営業部・中岡良和様はじめ社員ご一同様に心よりお礼を申し上げます。

北大路書房のみなさまとの真剣な討議にも似た意見交換の「やりとり」がなければ、私も、ここまで問い詰めた内容を盛り込まなかったと思います。当たり障りのない〝おもしろ心理学〟のような知識の羅列《られつ》で終わっていたかもしれません。

その意味で、『心の授業』シリーズの中心テーマである「自分づくり」を、まさに「会社づくり」として北大路書房さん自身が実践され、不断の新生を画されていたことに改めて気づかされました。重ねて御礼旁々、深く敬意を表する次第です。

最後に、『セカンド』『サード』に引き続き『ガイドブック』につきましても、同社・柏原隆宏氏に一方ならぬお世話になりました。とくにページ構成は複雑極まるもので、そのご苦労は並大抵ではなかったかと推察します。本書は柏原氏との共同作品と言っても過言ではありません。本当にありがとうございました。

2006年処暑

三森　創

【著者紹介】

三森　創（みもり・そう）

大学教授。心理学博士。1955年生まれ。
特に現代社会の心の問題への造詣が深く，心理アナリストとして活動中。
知の形成としての「心の教育」を提言している。
関連主著：『プログラム駆動症候群―心をもてない若者たち―』
新曜社　1998年
『マンガ・心の授業ファースト―自分ってなんだろう―』
北大路書房　2000年
『マンガ・心の授業セカンド―ホントの自分をとりもどせ―』
北大路書房　2006年
『マンガ・心の授業サード―自分づくりをはじめよう―』
北大路書房　2006年
関連論文：現代日本の「心ない」若者たち　週刊『金曜日』，
No.182（8月8日号），pp.46-48　1997年

『心の授業』ガイドブック
―自分づくりの心理学―

2006年11月10日　初版第1刷印刷
2006年11月20日　初版第1刷発行

定価はカバーに表示してあります。

著　者　三　森　　創
発行所　㈱北大路書房
〒603-8303　京都市北区紫野十二坊町12-8
電　話（075）431－0361㈹
F A X（075）431－9393
振　替　01050－4－2083

印刷／製本　亜細亜印刷㈱

ISBN4-7628-2534-4　Printed in Japan